한국
경제 의
자살 을
막아라

한국경제의 populism 자살을 막아라

민주화와 포퓰리즘의 도전

윤계섭 · 윤정호 지음

한국경제신문

아주 먼 길을 왔다. 교수 회관에서 내려다보이는, 25살에 시간 강사로 강단에 선 이래 만 36년 동안 강의를 해온 모교의 관악 캠퍼스. 1975년, 이삿짐을 풀어놓을 때만 하더라도 무한정 넓게만 보이던 캠퍼스는 이제 빈자리를 찾아보기 어려울 정도가 됐다. 세계적인 건축가인 렘 쿨하스Remment Koolhaas가 설계한 미술관을 비롯하여 형형색색의 건물들이 자태를 뽐내는가 하면, 이전에는 좀처럼 만나기 어려웠던 외국인 학생과 교원을 접하는 일은 일상사가 되어버렸다.

관악 캠퍼스의 공터가 하나 둘 사라져갔던 기간은 우리 경제가 비약적인 발전을 한 기간이기도 했다. 해외 원조로 겨우 연명하던, 빈곤 국가의 대명사였던 대한민국. 그러나 오늘날 우리의 GDP는 세계 12위권에 진입했다. 국산 LCD, PDP TV를 외국의 고급 호텔에서 접하고 고속도로와 국도를 누비던 승용차와 SUV 들을 자동차 선진국인 미국과 유럽에서 만나는 것도 더 이상 낯선 일만은 아니게 됐다.

그렇지만 우리 경제는 갈 길이 아직도 멀다. 지난 30여 년간 몇 번이나 베토벤의 〈운명 교향곡〉 1악장이 어울릴 만한 위기들을 극복해 왔지만, 에드워드 엘가의 〈위풍당당 행진곡〉을 들으며 샴페인을 터뜨리기에는 이르다. 넘어야 할 산은 높고 건너야 할 강은 깊기만 하다. 가장 큰 걱정 중 하나는 "경제의 정치화"이다. 대부분의 우리나라 정치가들은 경제에 관심이 없는 것처럼 보인다. 경제 자체를 정치의 종속물로 보고 기업 경영권이나 국민의 부를 사유물로 생각하는 경향은 조선시대 사대부들을 연상시킬 정도이다.

특히 최근 기승을 부리기 시작한, "자신을 대중의 편이라고 주장하며 허황된 약속을 남발해서 지지를 이끌어내고자 하는" 정치인들의 인기영합주의적 성향은 걱정이 아닐 수 없다. 이미 수많은 나라들의 경제, 사회 발전의 발목을 잡은 바 있는 포퓰리즘은 우리 경제에도 어두운 먹구름을 드리우고 있다. 이 책은 이 같은 우려를 담아냈다. 교육, 금융 그리고 대북 정책 등 우리 사회 곳곳에 숨어 있는 포퓰리즘의 해악을 찾아내고, 실체를 밝혀내며, 나아가 이를 극복할 수 있는 길을 함께 찾아보고자 한다.

책이 나올 수 있었던 데는 많은 분들의 도움이 컸다. 먼저 《한국 경제 신문》의 신상민 사장님과 '다산 칼럼' 편집진 그리고 출판을 흔쾌히 허락해 주신 김경태 사장님에게 감사의 말씀을 드리고 싶다. 책은 지난 6년간 《한국 경제 신문》에 실린 '다산 칼럼'을 토대로 쓰여졌다. 지면 사정상 글자수의 제한이 있었고 때에 따라 제목과 내용이 변해야 했지만, 칼럼은 경영학을 전공한 아버지와 정치학을 전공한 아들이 머리를 맞대고 우리 경제에 새로운 문제를 제기하고 있는 포퓰리즘을 고민할 수 있는 소중한 기회가 되었다.

같은 연구실의 윤상진 조교는 통계 정리에 참여했고, 한국 경제의 민신태 팀장은 글을 정리하고 편집하는 데 중요한 역할을 했다. 칼럼과 글들을 주제별로 묶고 독자들이 읽기 쉽도록 문체나 제목을 고치는 데는 민 팀장의 역할이 결정적이었다. 그러나 글을 추리고 칼럼에서 인용한 자료와 정보를 수집, 분석하며 경우에 따라 새로이 업데이트시키는 것은 저자들의 몫이었다. 그런 만큼 오류가 있다면 책임은 두 사람의 탓일 것이다.

끝으로 한 가지. 현 정부에 대한 비판이 주류를 이루고 있다고 해서 이 책이 참여 정부에 대한 회고록이라고 보는 것은 곤란하다. 책에서 제기하고 있는 비판과 주장은 내년 2월에 출범할 새로운 정부라고 예외가 될 수 없다. 차기 정부는 참여 정부보다 더 중증 포퓰리즘 환자들로 가득할지도 모르며 우리 경제를 한층 더 깊은 좌절의 구렁텅이로 빠뜨릴 가능성도 배제할 수 없다. 그렇기에 이 책은 차기 정부에 대한 "경고장"이기도 하다. 지난 30여 년 동안 헤아릴 수 없이 많은 도전을 헤쳐왔던 우리나라가 포퓰리즘의 마술사들이 늘어놓는 주술을 뿌리치고 포퓰리즘이 제기하는 도전 또한 극복할 수 있기를, 그래서 세계 일류 국가의 반열에 당당하게 합류할 수 있기를 고대해 본다.

2007년 12월

관악산을 바라보며 윤계섭

| 감사의 글 | 005
| 들어가며 | 012

1장 포퓰리즘과 민주화의 함수관계

포퓰리즘, 양 날의 검　018
포퓰리즘의 악순환을 피하려면　023
포퓰리즘이 판을 칠 것인가　028
포퓰리즘은 제도 개혁으로 막자　032
포퓰리즘이라는 맹독　037
포퓰리즘은 약인가, 독인가　041
민주주의의 자살을 막자　045

2장 투자 선진국을 향하여

금융투자교육 절실하다　050
올바른 경제교육이 증시 개미를 살린다　054
지수 二千대, 마의 벽인가　058
증시 활성화로 돈 물꼬 트자　062
코스닥을 살리려면 차별화가 필요하다　066
세제 혜택으로 증시를 살리자　070
서브프라임 후폭풍 시나리오　074

금융 빅뱅이 성공하려면 _______ 077
한국증시 대세 전환기인가 _______ 081

3장 교육이 문제다

교육 三不정책은 성역인가 _______ 086
청년실업은 교육 탓이다 _______ 089
교육정책, 철의 삼각동맹 깨라 _______ 093
두 진보 정당의 너무나 다른 교육정책 _______ 097
매력적인 복지 대안, 교육복지 _______ 101
교육 예산, 어떻게 쓸 것인가 _______ 105
대학 교육 역차별의 희생양이 되서야 _______ 109
少지원 多규제의 교육정책 _______ 113

4장 제대로 된 정치를 꿈꾸며

무엇을 남길 것인가 _______ 120
'닉슨의 비극'을 방관할 수 없다 _______ 124
스타일이 아닌 목적을 _______ 128
정권 말 신드롬을 경계한다 _______ 132
정책 남발을 경계한다 _______ 136
한국형 뉴딜의 위험성 _______ 140
정권은 밉지만 대안이 없으니 _______ 144
집단최면에서 깨어나라 장금 정신 원년 _______ 148
三無 대통령 _______ 152
'인사가 만사'라더니 _______ 156

5장 마음을 비운 리더십

성장의 리더십이 아쉽다 _______ 162

무한 책임의 리더십을 기대하며 _______ 166

섬김의 리더십을 찾아서 : 사람의 영혼을 빚어라 _______ 170

CEO출신 대선 후보에게 거는 기대 _______ 174

비워야 커지는 권력 _______ 178

보수만큼 진보도 반성하라 _______ 182

나 몰라라 정치인은 그만 _______ 186

6장 이 시대에 바란다

복지정책으로 인기를 끌지 말라 _______ 192

복지정책의 역설을 막으려면 _______ 196

작은 정부, 힘들지만 가야 할 길 _______ 200

삼각파도가 몰려들고 있다 _______ 204

가진 자의 횡포 _______ 208

대의를 앞세워 현실을 망각하지 말자 _______ 212

밑 빠진 독에 물을 부으랴 _______ 216

중앙정부, 지방 자치 단체에서 배워라 _______ 220

미국의 남부가 성장한 까닭 _______ 224

自主의 역설 : 말뿐인 자주 _______ 228

정치 어젠더에 목매지 말라 _______ 232

| 에필로그 | 236

해방둥이. 1945년에 태어난 부친은 그 후 62년 동안 해방둥이 세대가 겪어야 했던 어려움과 즐거움을 함께해 왔다. 1950년 6월 25일, 5살의 어린 나이였건만 부친은 그날 새벽 삼각산 위로 별똥 별처럼 춤추던 조명탄들을 지금까지 생생하게 기억한다고 말한다. 그렇게 시작한 한국 전쟁은 아버지의 가족을 산산조각 냈다. 나라 전체로는 무려 300만 명에 달하는 생명을 앗아갔으며, 우리 나라를 세계 최빈국의 나락으로 떨어뜨렸다.

부친이 16세가 되던 해, 한국은 경제 후진국에 이어 정치 후진국의 대열에 합류했다. 1961년 5월 16일, 군사정권이 들어선 것이었다. 그렇게 시작된 군사 정권은 약 25년 동안이나 계속됐다. 비극이었다. 그렇지만 축복이기도 했다. 그 기간 동안 우리 국민들은 놀라운 경험을 했다. 부친도 마찬가지였다. 대학 4학년이던

1967년에 첫 직업을 가진 아버지는 1971년 처음으로 냉장고를 샀다. 컬러 TV는 11년 뒤 집안에 자리 잡게 된다. 한때는 극소수의 특권층을 제외하고는 꿈도 꿀 수 없었던 내구 소비재를 소유할 수 있게 된 것이다.

집에 백색 가전제품들이 하나 둘 늘어가던 시기는 세계가 우리 경제를 주목하기 시작했던 시기와 일치한다. 1960년 GNP가 100달러도 되지 않던 세계 최빈국 중 하나였던 우리나라는 놀라운 속도로 성장해 왔다. 해방동이들이 이룩해 낸 신화와도 같은 업적은 결코 요행이나 우연이 아니었다. 가난의 족쇄를 떨쳐내고자 하는 비전의 지도자와 세계에서 가장 뛰어난 자질을 지닌, 성실하고 선량한 국민들의 의지가 한데 어우러져 이뤄낸 결과였다.

이와 함께 이들은 이 땅에 민주주의를 꽃피웠다. 1987년 6월 29일, 이른바 6·29 선언과 함께 민주화가 시작됐다. 부친이 학생 담당 학장보를 맡아 민주화 시위에 나선 학생들과 함께 한강을 건너 서울역으로, 다시 학교로 행진을 했던 때, 그리고 동료 교수들이 쿠데타로 정권을 잡은 신군부에 연행되어 갖은 고초를 당했다는 흉흉한 소식이 관악 캠퍼스에 떠돌았던 1980년의 봄이 지난 지 7년 만의 일이었다. 집권 세력의 위협과 급진 세력의 선동에도 흔들리지 않았기에, 불가능할 것이라고 여겼던 정치 발전을 이뤄낸 것이다.

그러나 정년퇴임을 앞두고 있는 부친의 이마에 깊게 파인 주름은 좀처럼 펴질 줄 모른다. 평생 짊어져야 했던 고민의 짐을 내려놓을 수 없어 보인다. 매일 아침 신문을 읽는 얼굴에 밝은 미소가 번지는 일은 드물기만 하다. 나라 경제에 대한 걱정 때문이다. 세계 경제 환경은 좀처럼 나아질 줄을 모른다. 양질의 노동력 공급을 어렵게 하는, 급변하는 인구학적 구조도 고민거리이다. 그러나 영웅 오디세우스의 여정을 가로막았던 실라Scylla와 카리브디스Charybdis에 비견할 만한 두 암초는 과거에도 골치를 썩이던 문제였다.

민주화가 안겨준 포퓰리즘이라는 도전은 달랐다. 민주화가 본궤도에 진입하기 전까지는 심각하게 고민할 필요가 없었던 생소한 문제였다. 이 칼럼집은 이 새로운 고민거리가 제기하는 도전을 함께 생각해 보고자 기획했다. 인기영합주의라는, 〈요녀妖女 사이렌Sirens의 노래〉와도 같은, 재앙을 부르는 치명적인 유혹의 덫에 걸리지 않고 중진국을 넘어 초우량국가에 도달할 수 있는 길을 모색해 보고자 했다. 학술 서적이 아니므로 이론적 체계성이나 정합성을 목표로 하지는 않았지만, 국민들이라면 한번쯤 고민해 보았을 법한 내용들을 하나의 주제 아래 묶어 경제와 정치, 사회의 미래에 대한 진지한 논의의 장을 열어보고자 했다.

물론 책임을 회피하려는 것은 아니다. 통계나 학술 이론, 인명,

발언 등의 인용 과정에 있어 오류가 있다면 이는 전적으로 저자들
의 책임이다.

2007년 12월

예일대 연구실에서 윤정호

POPULISM

1장

포퓰리즘과 민주화의 함수관계

POPULISM

많은 사회 과학 및 정치학 용어들이 그렇듯이 포퓰리즘은 규정에 대한 합의도 없이 남용되고 있다. 대중적으로 사용되고 있지만 모두가 합의한 정의는 없다. 그러하기에 이 책은 새로운 규정을 제시한다. 포퓰리즘을 "정치인 또는 정치 집단이 자신을 소수의 특권층이 아닌 다수 대중의 편이라고 주장하며 허황된 약속을 남발해서 지지를 이끌어내고자 하는 정치 및 국정 운영 유형"으로 규정한다.

포퓰리스트들은 힘들여 성장을 하지 않아도 분배 정책만 충실히 하면 국민의 삶이 나아질 수 있다고 공약한다. 외부의 위협에 대해 적극적으로 대처하지 않고 양보와 타협만으로 평화를 누릴 수 있다고 약속한다. 이 같은 포퓰리즘은 다음의 두 가지 조건 아래 활성화된다.

첫째, 포퓰리즘을 비판하거나 견제할 수 있는 장치가 없거나 무기력할 때 포퓰리스트 정책을 '입안' 할 수 있다. 정치인들이 인기에 영합하는 공약을 남발하더라도 이들을 효과적으로 비판한다면 공약은 무력화될 수 있다. 그렇지 않을 경우 포퓰리스트 정치인은 정책에 힘입어 집권을 할 수 있다.

둘째, 국정 전반에 걸쳐 국가의 개입 정도 또는 영향력이 높을 때 인기영합주의적인 정책을 '집행' 할 수 있는 여지가 많아진다. 정책을 입안하더라도 정책안을 현실화할 수 있는 수단이 적을 경우 포퓰리스트 정책은 '구상' 으로 그칠 수 있다. 그러나 권력자가 자신의 뜻대로 사용할 수 있는 법적, 제도적 수단이 많으면 많을수록 포퓰리스트 정책은 현실화될 가능성이 높아진다.

표 1 _ 포퓰리즘을 활성화시키는 조건

단계	활성화 조건
정책 제안/입안	비판 또는 견제 제도가 없거나 무력할 때
정책 집행	경제 및 사회 각 부분에 대한 국가의 개입 정도가 높을 때

이 같은 개념화의 장점은 크게 두 가지이다. 우선 시대나 정책 구분 없이 포퓰리즘을 설명할 수 있다. 일반적으로 학자들은 포퓰리즘을 20세기 초반 남미에서 나타나는 경제, 사회 정책이라고 말한다. 그러나 포퓰리즘은 고대 로마 시대에도 있었다. 아우구스투스Caesar Augustus, 율리우스 시저Julius Caesar 그리고 가이우스 마리우스Gaius Marius 등은 모두 인기영합주의적인 정책을 사용했던 정치가들로 기록되고 있다. 그런가 하면 포퓰리즘은 21세기에도 존재한다. 2006년 11월 7일에 있었던 중간 선거가 끝난 뒤 미국 언론들은 12년 만에 의회를 탈환한 민주당이 포퓰리스트 경제정책을 내놓고 있다고 보도했다. 대기업과 정치인들이 누리는 특권을 박탈하면 국민들의 삶이 나아질 수 있다고 주장한다는 것이다.

정책과 관계없이도 포퓰리즘의 등장을 설명할 수 있다. 1980년대까지 학자들은 포퓰리즘을 흔히 수입대체산업화 정책을 설명하는 데 사용하곤 했다. 브라질의 게투이오 바르가스Getuilo Vargas나 아르헨티나의 이폴리토 이리고옌Hipolito Yrigoyen 그리고 멕시코의 라자로 카르데나스Lazaro Cardenas가 추구한 바 있는 보호무역주의, 국가개입주의, 팽창 재정 정책의 결합체를 포퓰리즘이라고 설명한 것이다. 그러나 학자들은 신자유주의적 경제정책을 구사했던 페루의 알베르토 후지모리Alberto Fujimori, 아르헨티나의 카를로스 메넴Carlos Menem, 폴란드의 레흐 바웬사Lech Walesa 등도 포퓰리스트라고 부르고 있다. 특정한 정책에 근거해서 포퓰리즘을 규정하는 데는 무리가 따르는 것이다.

한편 이 책에서 사용하려고 하는 규정은 민주화와 관련된 이분법적인 사고를 지양하게 해준다. 우리 사회에는 민주주의를 바라보는 두 가지의 극단적인 견해가 존재한다.

한편에서는 민주주의를 '절대선'으로 이해한다. 이들은 우리 국민들을 민주 대 반민주 세력으로 양분할 수 있다고 믿는다. 그리고 민주 세력은 아무 오류가 없다고 주장한다. 민주 세력이 집권해서 국민들에게 약속했던 성과를 이루지 못하면 이는 모두 반민주 세력의 발목 잡기와 음모 탓일 뿐이다. 현대사는 반민주 세력이 주도권을 쥐었던 어둠의 역사와 민주 세력이 권력을 잡은 뒤 시작된 빛의 역사로 구분된다. 민주주의는 결점이라곤 찾을 수 없는 '완전무결'의 체제인 것이다.

다른 한편에는 민주주의를 우리 사회에는 적합하지 않은 정치체제로 보는 이들이 있다. 이들은 민주화 이후의 시대를 상실의 시대로 이해한다. 온 사회가 방향을 잃고 갈팡질팡하다가 경제적으로는 주변 국가와의 경쟁에서 뒤쳐져버렸고, 사회적으로는 무질서가 판을 치게 되었으며, 대외 정책 면에 있어서는 반미, 친북 정책으로 국제적인 고립을 자초했다고 통탄한다. 그래서 이 같은 견해를 가진 이들은 권위주의 정권 시대를 그리워한다. 쿠데타로 헌정 질서가 중단이 되는 한이 있더라도 현재의 정치 질서가 뒤바뀌기를 기원한다.

이 책은 제3의 관점을 제시한다. 이 글들은 권위주의 시대를 맹목적으로 그리워하지 않는다. 민주화를 자랑스러운 업적이라고 여긴다. 1987년 6·29 선언으로 시작된 민주화는 우리 국민들로 하여금 인류 모두가 누릴 수 있고 누려야 마땅한 정치적, 사회적 권리를 누릴 수 있게 해주었다. 우리나라를 가장 압축적으로 경제 성장을 한 나라이자 가장 단기간에 안정적 민주화를 이룬 나라의 반열에 오르게 해주었다. 그러나 민주주의가 결점이 없는 정치 체제라고 주장하지는 않는다. 오히려 치명적인 문제점을 안고 있다고 본다. 포퓰리즘이 횡횡할 수 있는 여지가 많기 때문이다.

포퓰리즘의 악순환을 피하려면

포퓰리스트 경제정책은 악성 종양과 같다. 서민들의 인기를 얻기 위한 경제정책이 오히려 서민의 삶을 더욱 곤궁으로 내모는 역설에도 불구하고 한번 발을 들여놓으면 쉽게 헤어 나올 수 없다.

포퓰리즘 정책의 악순환은 세 단계로 이루어진다. 우선, 정치가들은 자신들이야말로 다수 국민들 편에 서 있다고 주장하며, 곤궁의 원인은 소수의 '있는 자들' 때문이라고 선동한다. 장기적인 국가 재정의 건전성과 성장 잠재력 배양은 뒤로한 채 인기 위주의 정책들을 남발하며 지지를 확보한다. 포퓰리스트 경제정책에 대한 비판은 기득권층의 마지막 저항이라고 몰아붙인다.

여론형성 기관에 포진해 있는 식자층들은 수구 세력의 음해 공작만 막아낸다면 장밋빛 미래가 펼쳐질 것이라고 목청을 돋운다. 그들이 집권한 후에 중산층이 몰락하고 빈곤층의 수가 늘어난다. 일자리를 창출해야 할 기업가들이 날마다 특권층으로 비판을 받는 상황에서 투자의욕을 잃었기 때문이다. 그 대안으로 국가와 공공부문의 고용을 늘리겠지만, 이는 중장기적으로 재정을 악화시키고 국가부문의 효율성을 떨어뜨리는 부작용을 낳아 경제를 더 깊은 나락으로 떨어뜨린다.

마지막으로 경제정책의 실패는 역설적인 정치적 결과를 낳는다. 포퓰리스트 정치가들에게 빈곤층의 증가는 위기가 아니라 기회이다. 자신들의 고난을 만들어낸 원인을 잊은 채 가난과 실업에 지친 절대 다수의 국민들은 포퓰리스트적 수사와 정책에 쉽게 현혹되기 때문이다. 이들은 현재의 고난은 모두 특권층 때문이고 이 구조만 무너뜨리면 풍요와 평등의 지평이 열릴 것이라는 주장을 선뜻 받아들인다. 그리고 다시 포퓰리스트 정치가들에게 권력을 안겨준다. 총선을 앞둔 현재 우리 사회에도 포퓰리즘의 악순환이 현실화될 가능성이 눈에 띈다.(그림 1 참조)

먼저 빈곤층이 급속히 늘고 있다. 표 2에서 볼 수 있듯이 최빈곤층으로 분류되는 기초 생활비 수급자 수는 2002년 135만 명에서 153만 명으로 늘었고, 수급률도 같은 기간 동안 2.8%에서

3.2%로 증가하고 있다. 최근 여론 조사에 따르면 우리 국민들은 계층이동의 가능성과 관련하여, 일생 동안 노력할 경우 자기 세대에서 경제적, 사회적 지위가 높아질 것이라고 답한 경우가 10명 중 3명에 그치고 있다.

둘째, 포퓰리스트 정책으로 정치를 펴려는 징후들이 보인다. 선거 때마다 재원 확보 가능성 여부조차 불투명한 각종 단기·선심성 정책들이 양산되고 있다. 부동산시장의 과열을 막는다면서 수시로 신도시 사업을 공언하고, 실업문제는 공공분야의 고용 확대를 통해 해결한단다. 지지층을 이반시키지 않으려는 노력도 눈물겹다. 끈질긴 노력 끝에 이루어진 노·사·정 협의의 장을 박차고

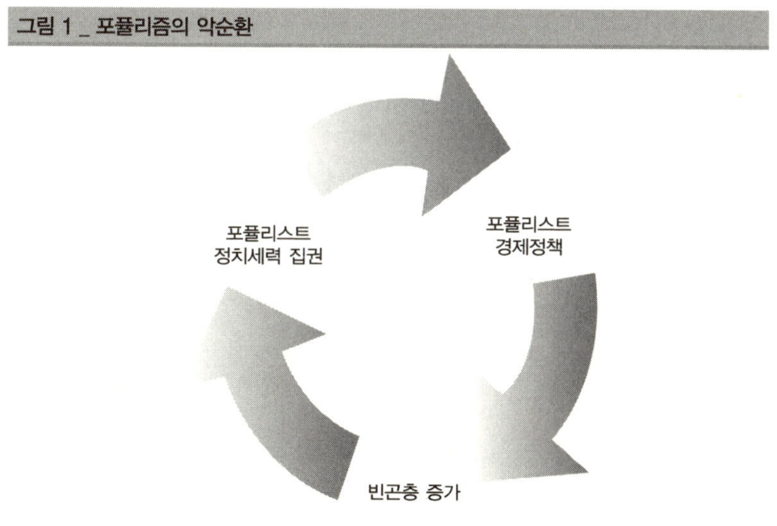

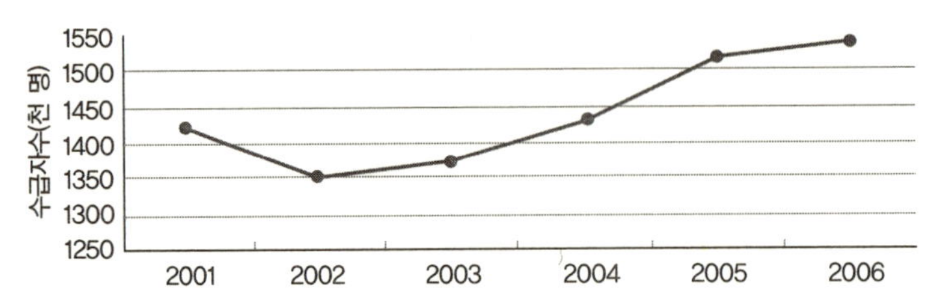

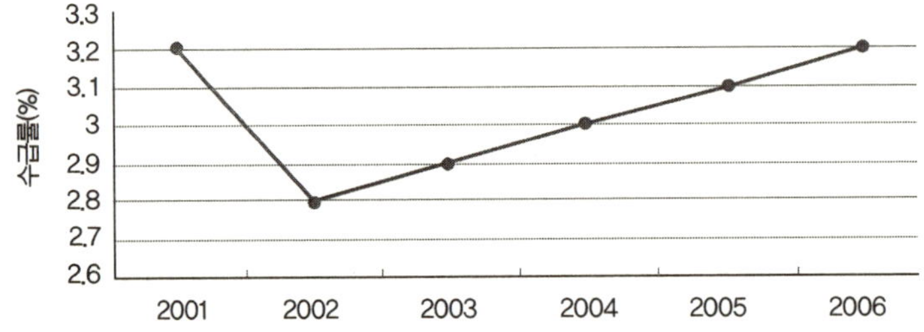

나간 강경노조. 그러나 정부는 어떻게 그들을 설득할 것인가를 고민하기는커녕 비난 성명조차 내놓지 않았다.

셋째, 포퓰리스트 정책들은 정치적 효과를 발휘할 것으로 예상된다. 일부에서 인기영합정책들을 경계하는 것은 사실이다. 그러나 일자리 약속에 들뜬 젊은 유권자들, 우리 지역도 발전할 것이라고 막연히 기대하는 이들도 적지 않다. 야당의 무력화도 크게 일조했다. 정부 여당의 경제정책을 비판하며 대안적 비전을 제시해야 할 야당은 내분에 휩싸여 있다. 대안을 제시한다고 한들, 정경 유착의 어두웠던 과거가 드러나는 현 시점에서는 특권층을 위한 정책으로 치부되고 말 것이다.

이러한 상황은 대단히 우려스럽다. 남미와 같이 자연자원이 풍부하지도 않고, 중국이나 인도와 같이 양질의 저렴한 노동력을 공급할 수도 없는 것이 우리 현실이다. 전 국민이 총력을 기울여 작고도 효율적인 정부를 만들고 기업가들의 투자의욕을 고취한다고 하더라도 장래가 불투명하다. 그럼에도 불구하고 우리는 포퓰리즘의 악순환이라는 길고도 어두운 터널의 입구에 서 있는 듯하다.

2007년 대통령 선거는 한국 정치사에 길이 남는 선거가 될 것으로 보인다. 과거 어느 때보다도 노골적으로 특정 계층을 끌어들이기 위한 경제, 사회정책이 등장할 가능성이 크다. 범여권을 중심으로 자신들을 "소수의 특권층이 아닌 다수 대중의 편이라고 주장하며 허황된 약속을 남발해서 더 많은 지지를 이끌어내고자 하는 정치 및 국정 운영 유형"인 포퓰리즘을 들고 나올 공산이 높다. 기존 선거 전략이 먹혀들지 않을 가능성이 높기 때문이다.

첫째, 지난 선거만 해도 기승을 부렸던 친북반미親北反美 정서가 반전되고 있다. 2002년에 실시한 갤럽조사에서는 '미국을 얼마나 좋아하는가?' 란 질문에 '싫어한다' 는 응답자가 '좋아한다' 는 응답자보다 약 15% 많았지만, 2007년 있었던 조사 결과는 반대였다. 북한을 얼마나 좋아하는가?' 란 질문에는 5년 전 조사에서는 '좋아한다' 는 응답자가 '싫어한다' 는 응답자보다 많았지만 이번엔 '싫어한다' 는 응답자가 '좋아한다' 는 응답자의 2배에 이르렀다.

둘째, '민주 대 반민주 구도' 도 무너지고 있다. 6·10 항쟁 20주년인 올해, 범여권은 대선을 민주 세력 대 반민주 세력의 대결 구도로 치르려고 하지만 그 같은 시도가 먹힐지는 불투명하다. 6월 항쟁의 주역이었던 386 정치인들의 활동에 대해서 다수의 국민들은 실망하고 있다. CBS의 조사에 따르면 전체 응답자의 16.5%만이 그들이 정치발전에 기여했다고 평가했다. 그뿐이 아니다. 과반수 이상의 대학생들은 6·10 항쟁을 알지도 못하고 있다. 한국일보와 4개 대학이 함께 실시한 조사에서 55.9%는 6·10 항쟁을 모른다고 답했다.

그렇기에 정치인들은 양극화라는, 한때 우리 사회에서 좀처럼 찾아보기 힘들었던 현상에 주목할 것으로 보인다. 좀처럼 줄어들 줄 모르는 빈곤층의 사회적, 경제적 불평등을 단번에 해결해 주겠다고 나설 것이다. 이와 관련하여 소득 분배의 불평등 정도를 보여주는 지니계수Gini's Coefficient는 개선되지 못하고 있다. 1에 가까울수록 높은 소득 불평등도를 나타내는 도시근로자가구의 지니

계수는 2003년 0.291에서 0.290으로 개선됐지만 전국 가구의 경우는 2003년 0.324에서 0.325로 악화됐다.(표 3 참조) 절대빈곤율도 마찬가지이다. 도시근로자가구의 절대빈곤률이 6% 선인 데 비해 전국 가구의 빈곤률은 11% 수준에 달하고 있다.

노무현 대통령은 2006년 1월 특별연설에서 양극화 문제 등을 해결하기 위해서 재원 마련 등의 '근본적인 해결책'이 필요하다고 밝힌 바 있다. "아무리 재정의 효율성을 높이고 지출구조를 바꾸더라도 재원이 절대적으로 부족하다"며 증세 또는 국채발행도 배제하지 않겠다고 밝혔다. 그럴 법도 하다. 2006년 정부가 공개한 복지정책 로드맵인 이른바 '비전 2030'에 따르면, 2030년에는 우리나라의 복지재정지출이 최대 401조 원에 이를 것이라고 한다. '비전'에 따르면 지출 총액은 최대 1600조 원에 이를지도 모른다는 추산까지 나왔다.

문제는 이렇다 할 재원 조달 방법이 함께 제시되지 않았다는 것. 2006년까지 정부가 제시한 유일한 해법은 국가 채무를 늘리는 것이다. 이미 큰 폭으로 늘어난 채무는 비전이 현실화될 경우 현재의 2.5배가량 더 늘 것으로 전망된다. 국민의 세금으로 빚을 내어 효과도 불투명한 복지정책을 남발하면서 표를 구하는 전형적인 포퓰리즘 정책이다. 선거전이 본격화될 경우 이 같은 공약들이 무더기로 양산될 것을 불 보듯 뻔하다. 이 같은 공약을 내세운

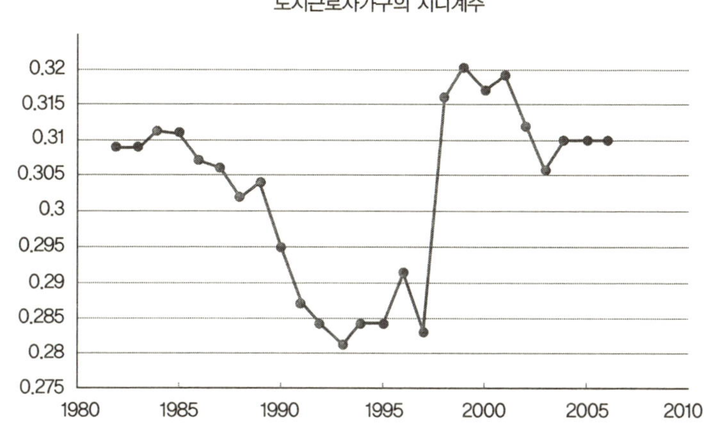

자료 : 통계청

정치 세력이 집권할 경우 지난 수년 동안 잠재성장률에도 못 미치는 성장을 해온 우리 경제가 인기영합주의 경제정책이라는 또 하나의 복병에 발목을 잡힐 가능성이 높다.

포퓰리즘은 제도 개혁으로 막자

포퓰리즘을 막는 가장 현실적인 방법은 제도를 바꾸는 일이다. 대안으로 제시되는 다른 해법들은 비현실적이거나 무리가 많이 따른다.

첫째, 정치인들의 자발적인 반성을 기대하기란 어렵다. 일부에서는 인기영합주의의 극복은 정치인들 스스로 반성하면 가능할 것이라고 주장한다. "아무리 당리당략이 중요하고 지역구가 중요하다고 해도 국가 이익에 반하면 인기영합적 정략이라도 단호히 거부하고 신념과 원칙을 지키는 용기가 있어야 한다"고 말한다. 쉽게 반박할 수 없는 논리이다. 그러나 현실성은 떨어진다. 국익보다는 선거 승리라는 자신의 정치적 이익을 추구하는, 인류 역사를 통해 계속되어 온 정치인들의 속성이 갑자기 바뀔 리 없기 때문이다.

둘째, 개헌 역시 한계가 있다. 포퓰리즘은 현행 대통령제가 단임제이기 때문에 모든 것을 걸어서 정권을 잡으려 하는 정치 관행의 산물이라는 논리가, 이를 막기 위해서는 연임제 또는 재임제를 도입해야 한다는 주장이 유행한 바 있다. 실현 가능성이 낮은 주장이다. 개헌은 절차가 까다롭다. 국회재적의원 과반수 발의 또는 대통령 발의가 필요하다. 그 뒤 국회 재적 의원 3분의 2 이상의 찬성과 개헌 동의 국민투표에서 국회의원 선거권을 가진 국민 과반수가 찬성해야만 한다. 더 큰 문제는 개헌이 된다고 해도 포퓰리즘이 사라진다는 보장이 없다는 것. 첫 번째 임기 말기가 되면 재선을 위해서 수단과 방법을 가리지 않는 모습이 재연될 수 있다.

그렇기에 정치인의 반성이나 개헌이 아닌 제3의 대안이 필요하다. 제도 개혁은 두 가지 방향에서 이뤄질 수 있다.

첫째, 정부에 의한 언론의 독점을 막아야 한다. 중앙정부가 언론을 독점하고 있을 때에는 여권 후보들의 인기영합주의적인 경제, 사회 복지정책들이 이렇다 할 견제도 없이 국민들에게 전파될 수 있다. 반면 자율화된 언론은 정부 여당의 꼭두각시가 되지는 않을 것이다. 그리고 포퓰리스트 공약의 허황됨을 밝혀낼 수 있을 것이다.

둘째, 정부가 국가 경제에 행하는 영향력을 제한해야 한다. 정부가 경제 분야에 대한 영향력이 크면 클수록 인기영합주의적 정책들을 자의적으로 집행할 수 있는 가능성이 높아진다. 그러나 시장으로 무게 중심이 옮겨질 경우 집권 세력이 포퓰리스트 정책을 추구한다고 해서 정책이 경제를 훼손할 여지가 줄어들 것이다.

물론 말처럼 쉽지는 않은 일이다. 어떤 정치 세력도 언론과 경제에 대한 통제력을 쉽게 포기하려 들지 않을 것이다. 심지어 민주화 운동 경력을 자랑하는 현집권 세력도 언론과 경제에 대한 통제권을 줄이려 하지 않는다. 정부는 언론의 민영화를 거부하는 것은 물론이고 국정 홍보처를 두고 있다. TV를 포함해 라디오와 케이블 TV 등 11개에 이르는 방송 채널을 유지하고 있다. 그뿐이 아니다. 정부는 현행 방송위원회와 정보통신부를 통합하여 대통령 직속 방송통신위원회를 설립하고 위원 모두를 대통령이 직접 임명하고자 한다.

경제에 대한 통제도 마찬가지이다. 공기업의 민영화는 사실상 중단되었을 뿐 아니라 산업 정책 부분에 대한 국가의 영향력은 줄었지만 복지 부분에 대한 영향력은 크게 늘리고 있다. 기획예산처가 발표한 2007년 예산안(표 4 참조)을 보자. 예산안은 민간투자 여건이 향상되었다는 이유로 경제 부분 예산은 대폭 줄였다. 정부에 의한 사회 간접자본의 투자액 역시 크게 삭감시켰다. 그러나

표 4 _ 정부예산 규모

재정 규모

(단위 : 조 원, %)

구분	2006년	2007년	증감액	증감률(%)
합계	224.1	237.1	13.0	5.8
예산(일반+특별)	153.7	163.3	9.6	6.2
기금	70.4	73.8	3.4	4.8

예산, 기금 → "정부내부지출, 채무원금사완(보전지출)" 제외

분야별 예산 내역

(단위 : 조 원, %)

분야	2006년	2007년	증감액	증감률(%)
R&D	8.9	9.8	1	10
교육	28.8	30.7	2	7
사회복지 · 보건	56.0	61.7	6	10
수송 · 교통 · 지역개발	18.4	18.4	0	0
농림 · 해양수산	15.5	15.9	0	3
산업 · 중소기업	12.4	12.5	0	1
환경	3.8	4.0	0	5
국방(일반회계)	22.5	24.5	2	9
문화 · 관광	2.8	2.9	0	4
공공질서 · 안전	11.0	10.9	△ 0.1	△ 0.9
통일 · 외교	2.5	2.4	△ 0.1	△ 4.0
균형발전(균특)	6.3	6.7	0	6
정보화 및 통신	7.6	7.8	0	3

2006년은 당초 예산

자료 : 기획예산처

복지 부분은 총 예산의 20%로, 2006년에 비해 10%나 확대했다. 이 추세대로라면 2030년에는 재정 지출 규모를 기준으로 올해 25.2%

수준이었던 복지 부분 예산은 40% 선까지 늘어나게 된다.

인기영합주의의 유혹에 빠지기 쉬운 정치인들이 스스로에게 족쇄를 채우는 일이 2대 제도 개혁이다. 우리 경제를 포퓰리즘의 위협으로부터 지켜내는 것도 제도 개혁이다. 이는 정부에 의한 언론 장악과 정부 주도형 경제라는 권위주의 시대의 부정적인 유산과 단절하는 일이기도 하다. 어렵다고 해서 포기할 수는 없다. 12월 대선에서는 제도 개혁을 공약하고 이를 실천할 것을 다짐하는 후보를 지지해야 한다. 경제구조의 재조정이 지지부진한 가운데 BRICs(브라질, 러시아, 인도, 중국) 국가들의 급한 추격을 받고 있는 우리 경제는 이제 재도약을 준비해야 한다.

포퓰리즘이라는 맹독

2006년 5월 지방선거에서 여당이 참패한 데 이어 대통령의 국정 운영에 대한 지지도가 크게 떨어지자 "우리나라에선 포퓰리즘이 설 땅이 없다"는 주장이 나오고 있다. 정부 여당이 인기영합주의적인 정책을 펼쳤음에도 불구하고 국민들로부터 버림을 받았다는 이유에서이다. 국민들을 소수의 특권층과 절대 다수의 서민으로 인위적으로 나누고 서민들의 감성과 기호에 맞는 정책을 남발해 권력을 유지하는 포퓰리즘이 먹혀들기에는 국민들의 교육 수준이 너무 높고, 정치적으로 너무나 성숙했기 때문이라는 주장이다.

필자의 생각은 다르다. 우리나라가 포퓰리즘의 안전지대가 됐다고 보기에는 아직 이르다. 정부 여당이 포퓰리즘적인 정책을 펼쳤음에도 불구하고 재미를 보지 못한 까닭은 우리 사회에서는 포퓰리즘이 맹위를 떨칠 수 있는 세 가지 조건이 마련되지 못했기 때문이다.

첫째, 국민들은 이렇다 할 포퓰리스트 정책의 혜택을 맛보지 못했다. 장기 집권에 성공한 포퓰리스트 정권은 기업을 국영화해서 국민들에게 일자리를 나눠주거나 대대적인 복지 혜택을 제공하는 등, '즉시 체감할 수 있는' 선심 공세를 펼쳐서 유권자들의 지지를 끌어냈다.

그러나 우리는 달랐다. 교육, 복지, 부동산 분야에서 많은 포퓰리스트 정책들이 쏟아져 나왔지만 이들로부터 서민층이 가시적인 혜택을 본 사례는 거의 없었다. 정책들이 졸속으로 입안돼 오히려 피해를 입는 사례도 생겼다. 유권자들로서는 여당을 지지해야 할 이유를 피부로 느낄 기회가 없었다.

둘째, 여당과 여당이 타깃으로 하는 유권자들 사이에 조직적인 연대의 끈이 약했다. 포퓰리즘이 번창한 나라들에서 보이는 특징은 유권자들이 조밀하게 조직돼 있다는 것이다. 노동단체, 농민단체 그리고 정치단체들이 민중주의를 추구하는 정당과 유권자들을 거미줄처럼 엮고 포퓰리스트 정당에 대한 지지를 확보해 준다.

우리의 경우, 정부 보조금으로 연명을 하는 사이비 시민단체들과 특정 정치인의 팬클럽을 제외한다면 포퓰리즘 정권의 허리 역할을 해줄 만큼 믿을 만한 조직이 없었다. 노조 가입률은 날이 갈수록 떨어졌고 전체 노동인구 중에서 농민이 차지하는 비율이 급감하는 가운데 농민단체도 이름뿐이었다.

셋째, 포퓰리스트 정치인다운 정치인이 없었다. 20세기 초반 남미에서 민중주의가 맹위를 떨친 데는 아르헨티나의 페론처럼 서민들이 쉽게 공감할 수 있는 인생 역정을 거쳤을 뿐 아니라 어려움에 처한 국민들과 아픔을 함께하는 데 천부적인 소질을 지닌 정치가들의 역할이 중요했다.

우리나라에서는 남미의 포퓰리스트 정치인을 찾기 어려웠다. 집권 전에는 '서민 흉내'를 냈지만 집권한 뒤에는 서민을 외면했다. 특권층과 다를 바 없는 행동을 일삼았다. 반미反美를 외치면서 자식들은 미국 유학을 보내고 평준화 교육을 옹호한다면서 자식들에겐 특수교육을 시키는 등 언행이 일치되지 않아 반감을 샀다.

그렇기에 아직 포퓰리즘의 조종弔鐘을 울리기는 이르다고 할 수 있다. 다음 대선에서도 포퓰리즘을 추구하는 정권이 들어서고 현 정권의 실책을 반복하지 않는다면 유권자의 마음을 단숨에 돌이킬 수 있을지 모른다.

국민들에게 손에 쥐어지는 혜택을 남발해서 포퓰리스트 정책에 중독되게 한다면, 그리고 집권한 뒤에도 서민들의 애환을 같이하면서 감성을 자극할 수 있는 포퓰리스트 정치인이 등장한다면, 우호적인 이익집단들의 이익을 보호해서 포퓰리스트 정당과 유권자들 간의 조직적 연대의 고리를 굳힌다면 우리나라에도 포퓰리즘이 뿌리를 내릴 가능성을 배제할 수 없다. 풍부한 자연자원과 우수한 인적자원을 가진 남미경제를 황폐화시킨 바 있는 포퓰리즘이란 맹독성 병원균은 우리 경제에 치명타를 안길 기회를 노리며 움츠리고 있을 뿐이다.

동서고금을 거듭해서 나타나는 포퓰리즘에는 한 가지 공통점이 있다. 인기영합주의는 대다수 국민들, 특히 서민들의 삶을 더욱 어렵게 만든다. 20세기 초의 남미의 경우, 포퓰리즘은 아르헨티나를 후진국으로 만든 채 지금도 국민들을 신음케 하고 있다. 자원이 풍부한 멕시코와 브라질도 포퓰리스트 경제정책의 마수에서 헤어날 수 없었다. 그럼에도 불구하고 포퓰리즘은 사라질 줄 모른다. 잠시만 방심하면 다시 나타나는 이유는 국민들이 포퓰리스트 정치인들에게 열광하기 때문이다. 그렇기에 포퓰리즘은 "역설 그 자체"라는 주장이 가능하다.

포퓰리즘의 역설은 세 가지 요소가 모여 이루어진다.

첫째, 포퓰리스트 정치가들은 다수의 서민들을 위한다는 기치를 내건다. 국민을 자기편과 적으로 가르고 없는 자의 이익을 옹호한다며 감성으로 한 표를 호소한다.

둘째, 현시적인 정책이 대부분인 민중주의적 정책들은 일단 대중의 지지를 얻는다. 포퓰리스트 정책들은 장기적인 정책보다는 뭔가 하고 있다는 생색을 내는 데 급급한 단기 정책들이 많아 정치적으로 매우 효과적이다.

셋째, 중장기적으로는 서민들의 생활을 더욱 어렵게 한다. 선심성·단기성 정책 개발과 집행에 주력하다 보니 관료들은 경제와 사회의 구조적 문제들과 그 해법에 신경을 쓸 여력이 없게 되고 결과적으로는 문제들을 악화시킨다. 뿐만 아니라 거대한 정책 비용이 소요돼 재정이 악화되고 악순환이 계속된다.

이렇게 포퓰리즘의 역설을 살피면서 최근의 정부정책을 돌아볼 때 답답한 심정을 감출 수 없다. 대표적인 사례는 부동산 정책이다. 정부는 서민들의 집 걱정을 덜어주겠다며 부동산 시장을 규제하는 데에만 팔을 걷어붙이고 있다. 새로운 규제책을 마련하는 데 급급해하면서 정작 시장과열의 원인인 부동자금의 유입을 막을 해결책에 대한 고민은 뒷전인 것이다.

기업투자와 함께 부동산 투자 이익보다 나은 투자처를 개발해 자금을 유도해야 하는데, 갈 곳을 잃은 부동자금은 정부 규제책의 빈틈을 찾아 다시 다른 투기로 몰릴 것이다. 부동산 규제정책으로 주택공급이 부족해지므로 강경 규제책에 박수를 치던 서민들은 몇 년 후 다시 오른 집값에 망연자실할 것이다.

사교육 규제정책 역시 비판을 면하기 힘들다. 정부는 서민들의 사교육비를 줄여주겠다며 학원과 과외에 철퇴를 가하겠다고 공언하고 있다. 그러나 공교육의 질을 획기적으로 개선하겠다는 복안은 들리지 않는다.

오히려 교육 관료들이 새롭고 기발한 규제책을 찾고 있는 와중에 공교육의 질은 이 순간에도 계속 떨어지고 있다. 이에 따라 사교육과 유학 수요는 더욱 늘어갈 수밖에 없다.

그리고 공교육에만 의존할 수밖에 없는 많은 서민들의 마음에는 다시 커다란 회한만 남을 뿐이다. 대학입학 시험제도를 바꾸는 것만이 교육정책의 전부인 줄 아는 정치 관료들이 경제성장의 동력을 빼앗고 있다.

복지정책도 정책의 호흡이 짧기는 마찬가지다. 노령화 대책의 일환으로 추진된 정년 연장은 예기치 않은 결과를 낳을 것이다. 장년·노년층의 표를 얻기는 하겠지만, 기업들에는 노동의 유연성을 악화시켜 신규 채용을 위축시킬 수밖에 없다. 청년실업 대책 역시 오히려 역효과를 낳을 가능성이 높다.

신규채용에 대한 세액감면제도는 채용증대보다는 세수감소에 기여할 뿐이다. 공공기관의 일자리 창출도 지금까지 행한 구조조정이나 경영개선에는 역효과를 가져올 뿐이다. 근본적인 기업 경영 환경개선을 통해 경기진작을 꾀한 결과로 고용이 본질적으로 늘 수 있게 해야 한다.

그러나 민중들이 이 역설을 모른다면 언론이 나서야 한다. 언론 매체들은 공약성 정책들의 실현 가능성과 장기적 역효과를 집중적으로 추궁해야 한다. 유권자들은 달콤한 포퓰리스트적 수사와 구호가 지닌 유혹을 뿌리칠 줄 알아야 한다. 서민을 위한다는 정책이 장기적으로는 서민을 절망으로 내모는 포퓰리즘의 역설을 직시해야만 한다. 정권유지에 급급한 포퓰리즘 때문에 우리 경제를 선진국의 문턱에서 좌절시킬 수는 없다.

포퓰리즘의 마수魔手는 동서고금을 가리지 않나 보다. 대선을 목전에 둔 미국도 포퓰리즘 논쟁이 한창이다. 논쟁의 발단은 민주당이 인기영합주의적인 법안들을 들고 나왔기 때문이다. 하원의장이 된 낸시 펠로시Nancy Pelosi는 최저 임금을 인상하고 부유층에 대한 감세 조치를 철폐하는 한편, 연방정부가 의료 업계에 압력을 넣어서 의약품 가격을 인하시킬 것을 요구했다. 일부 의원들은 자유무역협정에 제동을 걸고 있다. 무역협정을 체결할 때 엄격한 조건을 붙여서 주요 지지 기반인 노조가 불이익을 받는 일이 없도록 해야 한다고 주장한다.

이쯤 되면 미국 경제인들이 잔뜩 긴장하는 것은 당연한 듯 보인다. 문제는 우리도 예외가 아니라는 데 있다. 포퓰리즘은 우리 경제가 이제껏 경험하지 못한 새로운 장애물로 떠오를 것이다.

많은 이들은 경제성장의 장애물로 국제 환경의 악화를 든다. BRICs 국가들의 도전과 원자재 가격의 인상, 그리고 미국 경기의 둔화에 따른 수출시장 축소와 환율 압박 등이 골칫거리가 될 것이라는 말이다. 그러나 이전에도 국제 경제 환경은 우호적이지만은 않았다. 국가신용도가 낮아 외국 차관조차 들여오기 어려웠다. 1970년대에는 두 차례에 걸친 오일 쇼크를 겪었다. 원유를 100% 수입해야 하는 우리로서는 최악의 상황이 벌어졌다.

또 다른 이들은 인구학적 위기가 올 것이라고 한다. 출산율 저하, 노령화 그리고 고급 두뇌의 유출이 성장에 압박을 가할 것이라는 말이다. 연금 지급 등 비생산적 부문의 지출이 늘어나고, 노동 적정 연령의 국민수가 줄어들며, 첨단 기술 개발에 필요한 인력 확보가 어려워질 것이라는 이유에서이다.

그러나 이전에도 종류는 다르지만 위기가 있었다. 한때 우리나라는 출산율이 너무 높아서 경제 운용에 지장을 줄 정도였다. 고급 두뇌 유출도 처음 있는 일이 아니다. 정치적, 경제적인 이유를 들어 유학을 마친 이공계 석·박사들이 귀국을 꺼렸다.

그렇기에 전례가 드물었던 위기는 포퓰리즘의 위기라고 할 수 있다. 민주화가 정착하면서 여·야 할 것 없이 "대가를 지불하지 않아도 혜택을 누릴 수 있다"는 터무니없는 약속들을 하고 있다. 더 많은 '표'를 얻기 위해서이다. 파이를 키우지 않고도 국민들 개개인에게 돌아오는 몫이 커질 것이라고 유혹한다. 합당한 책임과 의무를 수행하지 않아도 권리를 누리게 해주겠다고 속삭인다. 외부의 위협에 맞설 수 있는 '힘'을 갖추지 않고도 양보와 대화만 하면 평화가 보장될 것이라고 주장한다.

이런 공약에 수반하는 비용은 일단 당선이 되고 난 뒤 고민할 일이다. 어쩌면 영원히 고민하지 않아도 될지 모른다. 어차피 5년 단임제 아닌가? 국민들의 반발로 여소야대 현상이 일어나면 '대통령당'을 만들어 의석수를 늘리면 그만이다. 임기가 종반으로 치달으면 공약을 이루지 못한 이유를 이전 정권의 실정失政 탓, 야당의 발목 잡기 탓으로 돌리면 된다. 다시 한 번 집권하기를 원한다면 장밋빛 미래를 약속하면 된다. 소요되는 비용은 차기, 차차기 정권이 짊어지면 될 일이다.

물론 그렇다고 민주화를 되돌릴 수도 없고, 되돌리려고 해서도 안 된다. 산업화 못지않게 민주화는 우리가 자랑스러워해야 할 업적이다. 그러나 민주주의가 뿌리를 내릴 수 있게 하기 위해서라도 포퓰리즘이라는 골치 아픈 부산물을 경계하지 않으면 안 된다. 정치꾼들이 얄팍한 정치적 이익을 위해 경제를 망가뜨려서 국민들이 민주주의에 실망한 나머지 독재 정권이 다시 들어설 것을 기다

리는, '민주주의의 자살'을 막을 수 있는 방법을 찾아야 한다. 이
야말로 대선을 치를 2007년의 가장 중대한 화두일 것이다.

POPULISM

2장

투자 선진국을 향하여

POPULISM

우리 사회가 급속하게 고령화 사회로 변화하면서 장래를 걱정하는 사람들이 많아지고 있다. 그렇지만 대부분의 경우 걱정만 앞설 뿐 이렇다 할 준비가 없는 실정이다. 많은 이들은 직접 노후를 설계하겠다는 의지는 갖고 있지만 중장기적인 안목으로 노후를 준비하는 데 최선의 길 중 하나인 증권 투자를 하는 것은 망설이고 있다. 대부분의 보유자금을 저금리의 은행 예금 등에 넣어두고 있다. 이해는 간다.

증권시장은 주가 변동이 심했다. 투자손실이 컸다는 말이다. 그렇기에 증권 투자는 일종의 도박처럼 여겨진다. 그러나 더 이상은 곤란하다. 증권시장을 활성화시키고 국민들이 스스로 노후 대비를 할 수 있도록 해야 한다. 이를 위해서는 투자자교육을 시행하는 시급하다. 현명하게 투자 결정을 할 수 있도록, 지식이 없으면 쉽게 이해하기 힘든 최신 금융상품들을 제대로 알 수 있도록, 증권 투자에 대한 잘못된 편견을 없앨 수 있도록 하자는 것이다.

선진국들의 경우 정부와 기업이 한마음이 되서 투자자교육에 나선 지 오래이다. 미국은 SEC(미국 증권거래위원회)와 같은 정부 기관은 물론 각종 AARP(미국 퇴직자 협회), NCEE(미국 경제 교육 협의회) 등 비영리 민간단체들이 금융교육에 솔선해 왔다. 영국도 마찬가지이다. 영국 역시 FSA(영국 금융감독청)가 중심이 되어 FCSG(금융능력운영그룹) 등의 민간단체들과 함께 금융교육을 하고 있다. 체계적인 금융교육정책을 세워 활성화시키고 있다. 우리의 실정과는 판이하게 다르다.

우리나라의 경우 중·고교에서는 경제과목의 선택비율이 낮을 뿐만 아니라 교과시간이 절대 부족하고 경제 교육을 담당하고 있는 교사들의 수준이 높지 않다. 그뿐만이 아니다. 경제교과서는 오류 투성이다. 반기업정서를 유포하고 투자를 부정적으로 보게 만들고 있다. 그러다 보니 서울대학교 경영연구소가 2005년에 행한 조사에서 밝힌 바와 같이 일반 성인들은 물론 20대 대학생들의 경우에도 투자지식, 금융지식을 지닌 경우는 극소수에 지나지 않는 실정이다. 이제는 달라져야 한다.

　국민의 금융 및 투자지식을 증진시키기 위한 다각적인 노력이 절실하다. 첫째, 국가 전략적인 차원에서 금융교육이 다뤄져야 하고 각종 정보 인프라를 개발, 보급해야 한다. 교과과정을 편성해서 일정 수준 이상의 금융지식과 운용능력을 배양하도록 해야 한다. 둘째, 교육의 내용과 관련해서는, 신용관리는 물론 신용회복에 대한 교육이 이뤄져야 한다. 국민의 정부 이후 크게 늘어 경기회복을 가로막는 지경에 이른 신용불량자 문제를 금융교육을 통해서 해결하자는 것이다.

　셋째, 금융소비자 및 투자자에게 필요한 정보와 그 수준을 결정해서 정보분석능력 향상시킬 수 있는 방안을 강구해야 한다. 이를 위해서는 개인 상담 전문가 및 금융교육 전문가 양성을 위한 프로그램을 수립해야 한다.

　물론 쉽지 않은 일이다. 투자자교육은 쉽게 효과가 나타나지 않고 단기간에 이루어지는 것이 아니다. 그렇기에 기업들이 선뜻 교육 비용을 부담하려 들지 않을 것이다. 그러므로 학교에서 기본적인 교과과정으로 하는 한편 평생교육과정으로 계속 교육하는 체계를 갖추어야 한다. 효과적인 교육을 위해서는 다년간의 교육 경험을 통해 축적된 엄청난 노하우가 있어야 한다. 그럼에도 불구하고 더 이상 금융교육, 투자자교육을 미룰 수는 없다. 교육은 사회 전반에 퍼져 있는 반기업정서를 줄이고 다가올 노령화 사회나 신

용 관리 사회에서 적극적으로 투자 환경을 즐기는 시민을 양성해
줄 뿐 아니라 우리나라를 금융선진국으로 도약시키는 데 중요한
기틀이 될 것이다.

올바른 경제교육이 증시 개미를 살린다

종합주가지수가 1000을 넘어선 것이 어제 같은데 어느새 지수는 2000을 바라보고 있다. 그러나 웬일인지 증권시장에는 즐거운 표정을 찾기 힘들다. 많은 개인투자자들의 얼굴에는 어두운 그림자가 드리워져 있다. 지수는 하늘로 치솟고 있지만 주머니 사정은 넉넉치 못하기 때문이다. 개인투자자들의 슬픔은 어제 오늘의 일이 아니다.

이들은 1997년 외환위기 때 이른바 '깡통'이 됐다. 1999년, 바이코리아 열풍에 들떴던 것도 잠시, 2000년 대 초반에 들이닥친 IT버블 붕괴의 직격탄을 맞았다. 빚을 내서 투자하다가 엄청난 부채만 떠안고 만 사례가 속출했다. 산업구조 조정으로 미래가 불안해진 나머지 장기 투자는 엄두도 내지 못해 단기 투자에 손을 댔다가 손실을 더 키웠다. 더 이상 증시 개미들의 슬픔을 모른 척 해서는 안 된다. 심도 있는 경제 교육과 금융 및 투자교육을 포괄하는 투자자교육이 절실하다.

과거에도 여러 차례 투자자교육이 강조됐던 것은 사실이다. 그러나 그때마다 대학입시과목에서 점수를 따기 쉬운 전략 과목도 아니고, 국, 영, 수와 같은 필수 과목도 아니라는 이유에서 외면받아왔다. 최근에는 새로운 문제가 생겼다. 자본시장 국제화와 시장 개방으로 전공자들조차 이해하기 어려운 금융상품들이 쏟아져 나온 것이다. 그러다 보니 충분한 교육을 받지 못한 교사들이 현실과 동떨어진 교과서로 하는 금융교육, 투자교육은 그 한계가 분명해졌다.

더 이상은 곤란하다. 투자자교육을 본격화해야 한다. 교육은 두 가지 장점이 있다.

첫째, 사회 안전망 구축의 토양을 제공해 준다. 사회 안전망이 부족한 우리나라에도 각종 연금 제도가 있지만 수혜자는 아직 소수에 국한돼 있다. 현존하는 복지제도들은 대부분 극빈계층만을 대상으로 한다. 그렇다고 해서 무작정 복지제도를 늘리는 것이 해답이 될 수는 없다. 이미 정부 재정은 적자에 시달리고 있다. 정부가 주도하는 복지제도는 득보다 실이 많은 경우가 대부분이다. 그러므로 금융교육은 국민들 스스로가 미래를 대비할 수 있게 해줄 것이다.

둘째, 외국인 투자자들의 독무대가 되어버린 국내 주식시장의 판도를 바꿔준다. 1992년 이후 본격화된 외국인 투자는 외환 위기 이후 급증했다. 2004년 증권거래소가 발표한 '외국인의 상장 주식 보유 현황' 에 따르면 2003년 현재 시가총액 상위 20개 종목에 대한 외국인들의 보유 비율은 약 50%, 금액으로는 약 104조 원에 이르고 국내 상장주식에 대한 외국인 보유 시가총액은 약 140조 원으로 전체 시가 총액의 약 40%에 달한다. 투자교육은 개인투자자들의 증시 참여를 활성화시켜서 증시의 무게 중심을 되돌릴 수 있을 것이다.

물론 교육이 모든 문제를 해결해 준다는 것은 아니다. 교육 못지 않게 일반 금융투자자들을 보호하기 위한 제도를 개선하는 것이 절실하다. 상품 내용과 위험에 대한 설명도 없이 무리하게 투자를 권유하거나 무자격자가 투자상품을 판매하는 일을 막는 등의 조치를 통해 선의의 피해자를 최소화해야 한다. 아울러 금융소득과세 제도도 간소화해 이해하기 쉽도록 해야 한다. 2001년, 금융소득 종합 과세제도를 도입한 것은 큰 진전이었지만 여기에 만족해서는 안 된다. 이러한 제반 조치들과 투자자교육이 함께 어우러진다면 증시 개미들이 증시 활황의 기쁨을 함께 누릴 수 있을 것이다. 주가 상승이 개인들에게 상대적 박탈감을 자아내는 웃지 못할 일들을 접하지 않아도 될 것이다.

지수 二千代, 마의 벽인가

주가지수가 다시 1000을 돌파해서 2000을 바라보고 있다. 반가운 소식이다. 그러나 증권시장에는 긴장감이 가득하다. 당연한 일이다. 1980년 1월 4일의 주가지수를 100으로 잡았을 때 상장 주식 시가 총액을 가중치로 한 주가 지수가 1000을 돌파한 것은 지난 16년간 이미 3번이나 있었다. 그때마다 주가는 평균 2개월 내에 다시 하락했다. 지루한 횡보를 했던 것이다. 그러므로 증시 관계자들은 신경을 곤두세울 수밖에 없다. 과연 우리 증시는 이번에 1000대를 돌파해서 2000 고지를 바라볼 수 없을 것이가?

이에 대해 필자는 조심스러운 낙관론을 펴본다. 두 가지 이유에서이다. 첫째, 유동주 비율이 급격하게 감소하고 있다. 최근에 대형 우량주들은 자사주 매입을 통해 실질적으로 감자했다. 아울러 대주주들은 자신들의 경영권을 보호하기 위해 소유 지분을 매각하기보다는 계속 보유하는 것을 선호하고 있다.

둘째, 수요와 공급 요인 모두 긍정적이다. 수요 측면에서 보자면 투자에 우호적인 저금리 기조가 정착돼 있을 뿐 아니라 400조 원 이상의 부동자금이 투자처를 찾고 있다. 공급 측면에서 살펴보더라도 주식시장은 다른 나라 시장이나 외국기업에 비해 주가 수익 비율이 여전히 매우 낮다. 가장 좋은 투자 대상인 것이다. 최근에 증권 예탁금이 급증한 데는 그만한 이유가 있었다.

물론 지나친 낙관은 금물이다. 먼저 증시 내적인 요인을 보자. 상장기업들의 기업 지배구조가 크게 개선된 것은 부인할 수 없지만 잊을만 하면 터지는 횡령 사건들은 기업 경영의 투명성에 대한 불신을 키우고 있다. 상장되는 우량 종목의 숫자 역시 많이 모자란 실정일 뿐 아니라 배당수익률 역시 기대를 밑돌고 있다. 이와 함께 주변 환경이 반드시 우호적이지만은 않다.

원화 가치가 상승하는 등 환율이 급변하고 석유를 중심으로 한 원자재 가격이 폭등해서 우리나라 기업들의 수익 전망을 불안하게 만들고 있다. 좀처럼 돌파구를 찾지 못하는 북한 핵문제라는 지정학적 문제와 말로는 규제 혁파를 외치면서 실제로는 규제를 강화하는 등 경제정책을 정치적 논리로 처리하는 정치인들이 투자자들을 불안하게 하고 있다. 주가가 상승할 수 있는 잠재력을 깎아먹는 것이다.

끝으로 기관 투자가들의 숫자가 여전히 적고, 기관투자가들의 경우 증권 투자 비율이 낮게 유지하는 것도 주가 동향에 대한 지나친 낙관론을 갖는 것을 망설이게 한다. 2002년 현재 은행, 투자회사, 보험회사 그리고 연기금 등을 포괄한 기관 기관투자가들은 상장 주식의 시가 총액 중 15.3%만을 보유하고 있을 뿐이다. 아울러 각 금융기관의 주식 보유 비율은 허용 한도보다 크게 낮다. 2002년 현재 투자 신탁 회사들은 총 신탁 재산 중 약 9%만을 주식으로 보유하고 있을 뿐이다.

이럴 때일수록 개인 투자가들은 '기본'에 충실해야 한다. 무엇보다 주가지수는 결과이지 목표가 될 수 없다는 것을 잊어서는 안 된다. 주가지수 변화는 전체 주식시장의 주가가 오르고 내림을 알기 쉽도록 표현한 것일 뿐 1000이든 2000이든 큰 의미가 없다. 그렇기에 지수의 등락에 일희일비하기보다는 상승장에 대한 믿음을 잊지 말되, 증권시장이 하락할 경우를 대비해야 한다. 투자 자산의 증식 효과를 극대화하기 위해 시가 총액이 큰 대형 우량주의 보유량을 늘리는 등 자신이 보유한 포트폴리오를 정비하는 기회로 삼아 향후에 대비해야 한다.

주가지수가 급등할수록 급락할 확률이 높기 때문에 과거에 비해 널뛰기 장세가 될 가능성이 높아졌다. 그러므로 증권시장 침체기에는 "쉬는 것도 투자"라는 자세로 대비하는 여유가 필요하다.

우리 경제는 현재 세 가지 장애물에 봉착해 있다. 무엇보다 먼저 내수 침체로 인해 경제성장이 둔화되고 있다. 경제성장률에 대해 대다수의 민간 경제연구소들은 물론 이제는 정부까지도 5% 미만으로 예측하고 있다. 다음 분기에는 경제가 회복될 것이라던 전망이 비관적으로 바뀐 이유는 내수침체 때문이다. 400만 명이 넘는 신용불량자와 일찍이 경험하지 못한 초저금리, 불완전한 사회안전망이 소비를 움츠러들게 하고 있다.

이와 함께 부동산 투기 열풍이 가실 줄 모른다. 400조 원 이상으로 추정되는 유동성 자금이 투자처를 못 찾고 있는 상황에서 정부가 행정수도 건설, 공기업 지방 이전 등 토지 투기를 전국적으로 부추기는 정책을 쏟아놓자 부동산 시장으로 자금이 쏠리고 있다. 세제를 중심으로 부동산 투기를 규제한다고 하지만 실효가 있을지는 불투명하다. 매매차익을 발본 색원해서 전액 추징하기 전에는 효과가 없을 가능성도 배제할 수 없다.

그뿐이 아니다. 한때 만병통치약인 것처럼 보이던 금리 동결 정책도 그 한계를 드러냈다. 더 이상 정책을 고집하기가 어려워졌다. 불경기로 말미암아 공금리를 계속 동결하는 과정에서 미국과 금리가 역전되어 버렸다. 이에 따라 외국인 투자가가 한국 투자를 외면하고 자본 자유화에 따라 국내 자본이 해외로 이탈할 가능성이 높아졌다. 이와 함께 저금리는 부동산 투기를 가속화시키고 저축 동기유인을 없애는 부작용을 낳고 있다.

이러한 장애물들을 극복할 수 있는 길은 무엇일까? 필자는 주식시장 활성화를 제안하고 싶다. 일부에서는 또 다른 투기장으로 말을 갈아타는 것이 아니냐고 반문할지 모른다. 잘못된 생각이다. 부동산 투자와 달리 주식 투자는 산업자금화되어 기업에 투자를 활성화할 수 있다. 투자 활성화는 일자리를 늘리고 고용 증대는 다시 내수 경제에 활력을 불어넣을 것이다. 증시 활성화로 인해 누릴 수 있는 혜택은 무궁무진하다. 그렇다고 했을 때 유감스러운 일은 아직도 많은 국민들이 증권 투자를 망설이고 있는 것이다.

한국은행의 자금순환 분석에 따르면 가계의 주식 보유비율은 1980년 16.9%이던 것이 외환 위기 때 큰 폭으로 떨어졌다가 2007년 3월 현재 18%대를 유지하고 있다. 이는 미국의 41%는 물론이고 동남아시아의 26%에도 못 미치는 수치다. 한국은행이 조사한 개인 금융자산 구성비에 따르면 주식과 펀드 비율이 늘어난 것은 사실이지만 여전히 개인들은 현금과 예금을 선호하고 있다. 개인 금융 자산에서 현금과 예금이 차지하는 비중은 2007년 3월 현재 47.8%에 이른다.

그렇다면 어떻게 하면 증권 투자를 활성화시킬 수 있을까? 생각해 볼 수 있는 방안은 크게 다섯 가지이다. 첫째, 기업연금과 각종 공적 연금기금의 투자비율을 책정하는 데 주식 투자 비율을 높여야 한다. 둘째, 우량주식 상장을 독려해야 한다. 셋째, 각종 복합적인 신종 주식 투자 상품을 개발해 투자자에게 예금이자율 이상의 수익을 보장해야 한다. 넷째, 현재와 같은 저금리시대에 예산이 부족해서 못했던 각종 사회간접자본 투자자금을 조성해야 한다. 다섯째, 배당률을 정기예금 이자율로 보장하거나 국민주 도입을 통한 재형저축과 같은 정부 차원의 적극적인 투자 장려책의 도입이 필요하다.

녹록치 않은 일이다. 이웃 나라 일본의 경우 지난 10여 년 동안 자본 시장 활성화와 가계의 주식 보유 비율 확대를 시도했지만 이렇다 할 효과를 거두지 못한 바 있다. 정부의 노력에도 불구하고 일본 국민들은 여전히 예금 및 적금을 선호하고 있다. 그만큼 자산 보유 및 운용 성향을 단기간에 바꾸는 일은 어려운 것이다. 그러나 어렵다고 포기할 수는 없다. 그러기에는 기업투자를 늘리고 이로 인해 일자리를 확충하며 내수 경기를 진작시키는 등 주식시장 활성화가 가져다주는 순기능이 너무도 크다.

코스닥 증권시장이 걱정이다. 언뜻 보면 걱정을 할 이유가 없는 듯하다. 그랜트 손튼 보고서 2003년판에 의하면 코스닥은 세계 44개 신시장 중에서 미국 나스닥과 영국 AIM, 캐나다 TSX-V와 함께 투자자에게 "진정한 가치를 선사한 4대 시장" 중 하나로 평가받았다. 활동도 매우 활발해 보인다. 증권거래소에는 101개 회사가 상장했고 55개 회사가 퇴출됐다. 이에 반해 코스닥에는 2004년부터 2006년 말까지 178개 회사가 등록했고 94개 회사가 퇴출당했다.

그러나 코스닥에는 어두운 이면이 있다. 투자가들이 코스닥을 외면하고 있다. 기관투자가들의 비중은 10% 안팎에 불과하다. 외국인 투자자들의 비중도 16%에 그치고 있다. 2000년 초에는 주가가 급등했지만 세계적인 정보 산업 붐의 퇴조와 함께 주가가 지속적으로 하락했기 때문이다. 이른바 '황제주'가 하루아침에 휴지 조각으로 변하고 일부 등록 기업들이 분식 회계를 하다가 적발이 되는 등 각종 스캔들이 연이어 터졌기 때문이다. 안타까운 일이다.

차세대 성장기업으로서 일반 금융회사에서 정상적으로 자금을 얻기 어려운 중소기업과 벤처기업에 자금을 조달해 주고 아울러 상대적으로 위험은 높지만 높은 수익을 얻으려는 투자자들에게 투자수단을 제공하는 것, 고용 효과가 큰 중소기업을 육성시켜서 청년 실업을 줄이고 수익 유발 효과가 큰 신생 산업을 키워서 차세대 성장 동력을 마련하는 것이 코스닥의 존재 이유라는 것을 생각하면 안타까운 마음은 한층 더 깊어진다. 코스닥을 되살릴 수 있는 방안을 모색해야 한다.

코스닥 재건을 위해 취할 수 있는 조치는 크게 네 가지이다. 첫째, 코스닥 등록을 활성화하기 위해 기업특성과 규모별 등록 요건을 다양화해야 한다. 등록을 쉽게 하고 국제기준에 맞춰 상장요건을 완화해야 한다. 이에 따라 해외기술주도 상장할 수 있게 해야 한다. 둘째, 문제가 있는 상장기업은 거래 정지와 함께 신속하게 퇴출해야 한다. 투자자들의 신뢰를 높이기 위해서는 진입 문턱은 낮추되 퇴출 기준을 강화해야 한다.

셋째, 상장기업과 투자자 양측에 가능한 세제를 개선하기 위해 노력해야 한다. 예를 들어 비공개법인 주주가 공개법인과 합병을 해서 얻은 주식에서 나타나는 미실현이익에 대한 과세제도도 합리적으로 개선해야 한다. 넷째, 규모가 작은 상장기업에 부과되는 각종 공시제도, 규제들을 완화시켜 기업의 부담을 덜어주는 대신 투자자들에게 피해를 입히는 불공정공시 등에 대해서는 감리기능을 강화하고 처벌해야 한다.

이 같은 조치는 하루 속히 취해져야 한다. 코스닥이 난조를 보임에 따라 항간에서는 코스닥을 증권거래소와 재통합하자, 아예 코스닥을 폐지하자는 논의가 나오고 있기 때문이다. 난처한 일이다. 기존 증권거래소와 독립적 수평구조를 가지는 코스닥과 같은 신시장의 통합 사례는 세계적으로 찾아보기 힘들다. 우리나라도 물리적으로 이들을 통합할 경우엔 기존 증권거래소의 공신력이 추락하거나 장기적으로 봤을 때 코스닥이 소멸할 것으로 예상된다. 통합이 되더라도 차별성 있게 운영하는 것이 중요하다.

지금과 같이 매매 거래에만 의존할 것이 아니라 주식연계증권과 같은 다양한 상품개발을 통해 시장효율성을 높이고 코스닥 기업의 채권시장도 개발해야 할 것이다. 정부 차원의 지원책도 필요하다. 특히 중소기업과 벤처기업에 대해 실시했던, 코스닥 주가의 퇴조와 함께 유명무실해진 여러 육성 정책들을 다시 활성화시킬 필요가 있다. 이 같은 다각적인 노력을 통해서 코스닥은 되살아 날 수 있을 것이다. 전통적 대기업의 거래소시장과 상호 보완적인 균형발전을 이룰 수 있을 것이다. 나아가서 금융산업 발전과 함께 우리 경제의 질적인 성장 기틀을 마련할 수 있을 것이다.

증시를 살리자
세제 혜택으로

이상한 일이 벌어지고 있다. 증권시장은 종합주가지수 1900대를 유지하고 있음에도 불구하고 경제 전망은 어둡다. 내년에는 더욱 부진할 것이란 것이 민·관 경제 연구소들의 공통된 전망이다. 과거에는 증시 호황은 내수 경기가 호조를 부르고 내수 경기 호조는 경기 활황을 가져왔건만 이러한 조짐은 보이지 않는다. 왜 그럴까? 간과되는 이유들 중 하나는 외국인 투자자들이 주식시장을 독점하는 바람에 대다수 국민들은 주식시장 활황의 혜택을 볼 수 없게 됐다는 것이다.

2005년 말, 우리 증권시장은 외국인 투자자들의 독차지라고 해도 과언이 아니다. 외국인은 시가총액을 기준으로 37% 이상을 보유하고 있고, 거래 대금의 20%를 차지하고 있다. 우량주식은 무려 40%를 가지고 있고 지난 5년간 연평균 11%의 수익을 올리고 있다. 최근에는 일부 그룹의 경영권까지 넘보고 있는 실정이다. 이대로 가다가는 이미 절반 이상의 은행을 외국인들이 소유하고 있는 은행권에 이어 다른 산업 분야에서도 외국인들의 영향력이 급속도로 높아질 것이다.

이에 비교하면 투자신탁, 연기금 등 국내 기관투자자들의 위상은 초라하기만 하다. 기관투자자들의 주식 보유량은 시가총액을 기준으로 18.5%이고 거래 대금을 기준으로는 14%를 차지하는 데 그치고 있다. 개인투자자들의 사정 역시 크게 다르지 않다. 70% 이상을 차지하고 있는 등 개인 투자가들은 언뜻 보면 증시의 큰 손인 것처럼 보인다. 그러나 실상은 다르다. 개인투자자들의 보유주로 분류되고 있는 주식들은 경영주들이 경영권 보호 차원에서 보유하고 있는 비유동주인 경우가 많다.

이러한 현실을 극복할 수 있는 방안은 증권시장에 투자 자금을 모으는 일이다. 특히 개인투자자들을 증권시장으로 끌어들여야 한다. 1980년 중반만 하더라도 방한한 일본 증권조사단이 개인투자자들의 증시 참여 비율이 높은 것을 보고 부러워한 나머지 비결을 묻기도 했을 정도였다. 이제는 다르다. 개인투자자들은 증시 참여를 망설이고 있다. 이들을 다시 증시로 불러올 수 있는 방안은 크게 세 가지를 생각해 볼 수 있다.

첫째, 기업 경영에 대한 투명성을 보장하는 제도적 장치를 마련해야 한다. 둘째, 연구개발을 통해 향상된 제품과 서비스를 생산하기 위한 기업의 투자증대를 유도해야 한다. 셋째, 연금이나 보험 그리고 기금들의 증권 투자비율을 확대시켜야 한다. 넷째, 개인투자자에 대한 세제 혜택을 주어 세후 수익률을 향상시켜야 한다.

이 세 가지 중에서도 가장 시급한 일은 세금 우대 투자와 저소득층을 위한 세금 감면 투자 등 투자 활성화를 위한 세제 개혁이다. 1960년대 우리 경제 발전의 초석이 된 내자조달은 '자본시장 육성에 관한 법률' 이 국회를 통과된 후 도입된 각종 증권 투자 세제 우대 정책들에 힘입은 바 컸다. 1998년 이후 코스닥시장이 활기를 띄게 된 가장 큰 이유도 같았다. 정부가 나서서 등록요건 완화와 같은 상장 유인 조치에 아울러 소액 투자자들을 증권거래소 상장기업의 소액 투자자들과 같이 대우해 주었기 때문이다.

개인투자자들을 다시 증시로 끌어들이는 일은 쉽지 않을지 모른다. 많은 이들은 쓰라린 경험을 통해 우리 기업과 증권 투자에 대해 부정적인 인식을 많이 갖게 되었다. 증권 투자를 부동산과 같은 투기로 여기는 경우도 적지 않다. 그렇지만 투자자들의 인식이 변할 때를 기다리고 있을 수만은 없다. 이들의 인식을 변하게

만들어줘야 한다. 다행히도 시중에는 500조 원 이상의 부동자금
이 투자처를 찾고 있다. 이제라도 정부가 나서야 한다. 적극적인
조세 정책을 통해 투자 마인드를 조성해서 돈이 증시로 흘러 들어
올 수 있도록 해야 한다.

시나리오

서브프라임 후폭풍

북대서양에서 나비가 날갯짓을 하면 태평양에서 태풍이 일어난다는 카오스 이론이 맞는 걸까? 서브프라임 주택대출 부실로 일어난 미국의 신용 경색이 우리 증권시장에 미친 영향은 가히 쓰나미급이다. 정부에서는 우리 금융시장에는 직접 미칠 영향이 미미하다고 했지만 증시 하락률은 미국의 3배 이상이다. 엔 캐리 트레이드 자금의 환류의 여파와 아울러 외국인의 대량 매도가 하락을 촉발시킨 것이다. 그렇다면 왜 하필이면 경제기반이 튼튼하다는 우리나라에서 회수해 나가는 것일까? 이유는 세 가지이다.

우선 우리나라는 2007년 상반기까지 개방이 안 된 중국 다음으

로 상승폭이 높아 연초 대비 40.4%가 상승했다. 주가수익비율PER
도 신흥시장으로서는 가장 높아져서 차익실현의 유혹이 커졌다.
아울러 펀드매니저들이 준거 기준으로 삼는 모건 스탠리Morgan
Stanley의 세계주가지수인 MSCI의 신흥시장에서 한국의 비중을 줄
여야 했다. 끝으로 주가가 2000을 돌파하자 많은 이들은 이제나
저제나 매도 시점을 찾고 있었다. 이런 경우에는 조그마한 자극에
도 투자자들은 과잉 반응을 하기 쉽다. 대량 매도가 이뤄진 이유
도 이 같은 심리에서 찾을 수 있다.

이번 하락으로 저점 매수를 기다리는 사람들에겐 과연 주가가
어디까지 떨어질 것인가와 이번 하락 기간이 얼마나 갈 것인가가
관심사일 것이다. 이에 대한 확답을 내놓기란 힘들다. 각종 투자
이론에 의한 투자 프로그램이 발전해서 '금융공학' 이라고 불릴
정도가 됐지만 증시는 대혼돈의 시대를 맞이하고 있다. 리스크 관
리가 과거에 비해 아주 복잡해졌다. 관리를 위한 각종 이론과 상
품의 개발이 리스크를 산재시켜 이를 발견하기 어렵게 하고 그 피
해가 어디로 퍼질지 모르는 상황이 됐다.

서브프라임 사태도 마찬가지였다. 사태는 지난 3월 이전부터
예고되었던 사례이고, 엔 캐리 트레이드 환류 사태도 예측하지 못
한 것은 아니었다. 그럼에도 불구하고 미국 연방준비제도이사회
FRB의 재할인 금리 인하는 아주 성급한 것처럼 보일지도 모른다.

모기지가 모기지 담보채권으로 연결되고 이어 각종 파생상품으로 발전하므로 어디까지 영향을 미칠지 모르게 된 나머지, 과거 LTCM (롱텀캐피털매니지먼트) 사태 수습에 준하는 시장 개입을 한 것이다.

이런 상황에서 우리가 할 수 있고, 해야 할 일은 다양한 시나리오를 짜서 앞으로 닥칠지 모르는 후폭풍에 대비하는 것이다.

중앙 은행은 환율 동향을 주시하고 이에 대한 대비책을 마련해 놓아야 한다. 특히 국제 금융 시장에서 국가 간 금리 차이 축소는 엔 캐리 트레이드 자금 청산과 아울러 환율의 극심한 변동을 초래할 가능성이 높다. 동시에 증시 관계자들은 투자자 보호가 최선의 책무라는 것을 인식하고 사전에 피해를 예방하기 위한 각종 조치들을 강구해야 한다. 주가 상승기에는 신용 거래 비중을 조절하고 파생상품시장과 함께 대주시장을 개발해야 한다. 주가 하락기에는 신용확대와 아울러 금리조절과 이연移延 기간 확대 등을 고려해야 한다. 그리고 우리 코스피를 선진국 지수에 편입하는 것을 계속 추진해서 한국 비중의 감소를 막아야 할 것이다.

예측치 못한 돌발 상황으로 방황과 혼돈을 하기에는 우리 증시가 가야 할 길은 너무나 멀다.

수년을 끌어온 '금융투자업과 자본시장에 관한 법률'이 드디어 국회 본회의를 통과했다. 이제 2009년 초부터 자본시장에 새로운 지평이 열리게 됐다. 일명 '자본시장통합법'으로 불리는 법률에 아쉬움을 갖는 이들도 많다. 원래는 은행, 증권, 보험 등 모든 금융산업을 포괄하는 금융시장통합법으로 개편할 예정이었지만 자본시장 관계 업종들에만 국한되게 됐다. 그럼에도 불구하고 통합법의 의미를 과소평가할 수 없다.

법률은 금융투자상품 정의를 포괄주의로 바꿈으로써 새로운 투자상품이 무제한으로 개발될 수 있는 가능성을 열었다. 또 관계 업종별로 규제하던 것을 업종을 통합해 기능별로 규제함으로써 규제의 효율성을 높였다. 아울러 금융구조가 전업주의에서 겸업주의로 넘어가게 되었다. 이미 은행의 수익 확보를 위해서 보험의 방카슈랑스, 펀드 판매 등으로 겸업주의가 일부에서 진행되고 있었으나 본격적인 겸업은 이뤄지지 않고 있었다.

뒤늦은 감이 있는 것이 사실이다.

영국과 호주의 경우 통합법에 준하는 법률 제정이 우리보다 빨랐다. 영국은 지난 1986년, 런던 증시의 완전 개방과 아울러 은행, 증권, 보험 업체들의 겸업을 허용하게 하는 금융서비스법Financial Services Act을 통과시켜 금융업의 대대적인 구조 개편을 단행했다. 2000년에는 금융서비스와 시장법Financial Market Services and Market Act을 통과시켰다. 호주는 2001년, 증권, 투신, 자산운용 선물 등 자본시장 통합을 위한 금융서비스개혁법Financial Sercices Reform Act을 통과시켰다.

두 법안은 영국 금융산업을 되살렸다. 비록 대형 금융회사들의 주인들이 외국인으로 바뀐 경우가 적지 않았지만 런던 증시의 위상은 크게 높아졌다. 이제 자타가 공인하는 세계 금융의 중심지인 뉴욕 증시를 위협하고 있다. 호주의 경우 역시 마찬가지다. 맥쿼리와 같은 세계적인 투자 은행이 탄생했을 뿐 아니라 금융서비스개혁법의 시행 이후 자본시장 규모가 대폭 커졌다. 1997년 GDP의 70% 수준이던 주식시장 시가총액 비중은 2005년에는 100%에 이르렀다.

우리나라가 영국과 호주에 버금가는 성공을 이룰 수 있는 방법은 무엇이 있을까? 성공을 위해서는 통합법의 효과를 극대화시킬 수 있는 조치들이 필요하다.

첫째, 우수 인력을 확보해야 한다. 외국에서 공부했다고, 자격증이 많다고 해서 뽑는 것이 아니라 경력으로 뒷받침되는 실력이 있는 인재를 구해야 한다. 아울러 우수 인력에 대해서는 확실한 신상필벌信賞必罰이 있어야 한다. 외국계 투자 기업들에 맞먹는 고액의 보너스를 지급하는 대신 실책과 투자 실패의 책임도 철저하게 물어야 한다.

둘째, 투자자의 편리를 제고하고 투자 위험을 감소시키기 위한 노력이 필요하다. 자본시장 통합법의 통과와 함께 투자자의 특성을 파악하고 투자상품에 대한 상세한 설명을 의무화하는 한편 방문이나 전화를 통한 투자 광고를 금지하는 등의 투자자 보호조치가 통과된 것은 반가운 일이다. 그러나 규정만 만들었다고 되는 일이 아니다. 이제까지 금융 업계에서 당연시 해오던 관행에서 과감히 탈피해야 한다.

셋째, 다양한 상품과 상품 개발 능력을 확보해야 한다. 규모만 키워서 되는 것이 아니다. 급속한 속도로 투자산업이 발전하고 있음에도 불구하고 아직까지도 투자상품들의 설계를 외국에 의존하는 경우가 적지 않다. 평가 능력의 부족으로 투자자에게 많은 손실을 입힌 금융상품들도 나오고 있다. 더 이상은 곤란하다. 우리 실정에 맞는 상품 설계를 할 수 있어야 하고 기존 상품들을 평가할 수 있어야 한다.

한결같이 만만치 않은 일들이다. 동시에 어렵다고 포기할 수 없는 일들이기도 하다. 2006년 6월 증권감독원이 주최한 국제 심포지엄에 참석한 홍콩의 앤드류 쉥 중국금융규제위원회 수석고문이 지적한 바와 같이 우리나라는 탄탄한 제조업, 세계 최고 수준의 IT 인프라 등 금융시장이 발전할 수 있는 기반을 갖추고 있다. 통합법은 이 같은 잠재력을 현실화하기 위한 첫걸음이다. 법의 효과를 극대화하기 위해서는 신속하고 과감한 후속 조치들이 필요하다.

증권시장이 연일 신고가新高價 행진을 계속하고 있다. 코스피지수가 1500을 돌파해서 드디어 2000을 훌쩍 넘었다. 경제성장률이나 내수 경기, 기업 실적 등이 좋지 않은데도 불구하고 멈출 줄 모르고 주가가 상승하고 있다. 주가 상승세가 계속되자 차익을 노리는 투자자들의 불안이 가중되고 있다. 증시 전문가들 사이에서도 논란이 가열되고 있다.

기술적 분석가들은 1400대의 보합 장세를 뚫고 상승했으므로 상승기에 들어섰다고 진단한다. 이에 비해 기업 실적을 중시하는 기본적 분석가들은 이번 급등은 수급 요인에 기인한 것으로 기업 실적이 뒷받침되지 않아 장기적인 상승은 어렵다고 한다. 시장의 유동성에 따른 수요 증가와 자사주 매입 및 상장 부진에 따른 공급 축소가 맞물려 있다는 뜻이다.

비관론자들은 중국발 충격이 전 세계 증시를 흔들지도 모른다고 경고한다. 중국 시장에 대한 외국인 투자액이 과부하 상태이기 때문이다. 그러나 낙관론자들은 중국을 제외한 나머지 국가들에서 의외의 기업 실적 호전이 계속되고 있고 전 세계적인 현상인 과잉 유동성 때문에 설사 돌발 변수가 발생한다고 하더라도 이번 상승세는 쉽게 가라앉지 않을 것으로 기대한다.

이에 대해 신중론자들은 이번 대세 상승의 특징을 주목하라고 주문한다. 주가 상승세의 특징 중 하나는 정보, 생명공학의 벤처들이 많이 상장되어 있는 장외 시장이 일반 증권거래소 상승보다 높다는 점이다. 이는 우리 증시만의 현상은 아니다. 중국의 심천 차스닥의 상승률이 상하이 증시보다 높았고 미국 나스닥이 S&P500보다 높았다. 2000년대 초반에도 그랬듯이 장외 시장의 이후에 급상승은 급락을 동반할 가능성이 높다.

그럼에도 불구하고 낙관론자들은 견해를 굽히지 않는다. 우리나라의 경우 부동산 규제와 낮은 금리로 인해 유동 자금이 증권시장으로 몰리는 현상을 불러일으킬 것이고 그동안 각종 펀드 자금이 대기하고 있어서 이번 상승이 쉽게 꺾이지 않을 것이라고 기대를 피력한다. 여기에 자본시장통합법 통과와 MSCI 선진국 지수에 편입될 경우 외국인 투자도 큰 폭으로 늘어날 것이라는 것이다.

아무리 그럴듯한 논리과 논거를 들이밀어도 전문가들의 논쟁은 대다수 개인투자자들에게는 공허하게만 들린다. 개인투자자들은 네 가지 이유에서 불안감을 떨치지 못하고 있다.

첫째, 뚜렷한 재료가 보이지 않는다. 기업 수익이나 투자 환경이 주가 상승을 견인하지 못하고 있다. 그렇다고 해서 남북 핵위기가 깨끗하게 해결된 것도 아니다. 동남아 국가보다 주가가 낮은 코리아 디스카운트의 원인은 아직도 해결되지 않고 있다.

둘째, 주가 상승 속도가 빨라서 차익 매물이 나오기 쉬운 환경이 이루어지고 있다. 따라서 매매 쌍방의 공방에 따라 주가는 급등락을 되풀이해서 매매 시점을 결정하기가 아주 어려운 때이다.

셋째, 외국인 투자가 늘어날수록 우리 증시보다는 세계 증시의 흐름에 영향을 크게 받게 된다. 이는 우리나라 증시만 보지 말고 세계 증시 동향을 이해해야 한다는 의미다.

넷째, 시장은 상승기에는 서서히 다지면서 상승하면 오래 가지만 급등할 경우엔 급락하는 속성이 있다. 주가 상승을 주도한 주가 조선, 해운 철강 등 일부 업종이었기에 주가 급등에도 불구하고 혜택을 크게 받지 못한 개인투자자들은 불안할 수밖에 없다.

그렇다고 했을 때 개인투자자들에게 권유하고 싶은 것은 이럴 때일수록 추격매수나 매도를 자제하라는 것이다. 종합주가지수

1600 돌파 때 기관투자가나 외국인은 매도했지만 개인투자자들은 매수하였다. 이제 주가가 오를수록 투자자들은 매도 시점을 찾을 때이다. 예상하지 않은 급등락 장세가 올 때 개인투자자들은 뇌동매매를 할 가능성이 더욱 높아진다. 따라서 개인투자자들은 주가 변화에 따라 일희일비할 것이 아니라, 모른다면 묻어두라는 금언과 같이 장기 투자 태세를 갖춰 인내심을 발휘할 때이다.

POPULISM

POPULISM

3장

교육이 문제다

교육 三不정책은 성역인가

자고 깨기만 하면 바뀌는 것이 대학 입시정책인가 보다. 입시제도는 또 한번의 대대적인 변화를 눈앞에 두고 있다. 1969년부터 본고사 대신 예비고사와 본고사가 실시됐고, 1981년에는 학력고사가 도입되더니 1994년부터 수학능력시험이 생겼건만 2008년에는 새 제도를 시도할 것이라고 한다. 그럼에도 불구하고 지난 10여 년 동안 유지되어 왔고 앞으로도 유지할 대전제가 있다. 대학본고사, 고교등급제 그리고 기여입학제도를 금지하는 '3불3不 정책' 이 바로 그것이다.

유감이 아닐 수 없다. 3불 정책, 특히 대학 본고사 금지 정책은 전면 재검토되어야 한다. 무엇보다 정책은 이루고자 하는 목적을 이루지 못했다. 교육인적자원부는 대학 서열화를 막고자 했다지만 서열화는 계속되고 있다. 사실 대학 서열화는 본고사 철폐와 함께 시작됐다고 해도 과언이 아니다. 본고사가 있을 때는 공통의 비교기준이 없어 지금과 같이 서열화되지 않았다. 그러나 본고사 금지 이후 실시된 정부 주도의 대입자격고사, 학력고사, 수능시험 등은 점수 별로 학교를 한 줄로 세우는 풍토를 낳았다.

사교육 비용을 억제하는 데도 실패했다. 본고사가 없어진 뒤로도 사교육비는 상승 일변도였다. 통계청이 전국 3만여 가구를 대상으로 실시한 사회통계조사에 따르면 2004년 현재, 과거 4년 동안 사교육비는 무려 80%가 늘었다고 한다. 2008년에 실시할, 수능고사 등급제 실시와 내신 비율을 상향조정하기로 한 대학 입시 제도도 사교육비 상승에 일조를 할 듯하다. 중앙일보가 실시한 여론 조사가 말해 주고 있는 바와 같이 이미 시작된 이른바 '내신 과외'는 학생과 학부모들을 힘들게 하고 있다.

본고사 철폐는 학생과 학부모뿐 아니라 대학 당국에도 심각한 고민거리를 안겨줬다. 우수한 학생을 뽑기가 어려워졌기 때문이다. 그럴 수밖에 없다. 수능고사의 등급제는 고교들을 완전히 평준화하지 못한 상태에서 강행돼 왔다. 게다가 내신 한 등급당 무려 2만 명 이상을 배정했다. 그 결과, 한 등급 안에서 성적을 매기는 것이 아닌 제비뽑기를 하게 되었다. 대학들은 논술고사와 심층

면접, 언어와 수리 능력 측정 등을 통해 옥석을 가려내기 위해 안간힘을 쓰게 만들었다.

더 이상은 곤란하다. OECD 주요 회원 국가들 중에서 정부의 교육에 대한 규제가 최악이라는 평가를 받고 있는 우리나라. 이제 학생 선발권은 완전히 대학에 돌려주어야 한다. 대학에서 본고사를 실시하게 되면 내신 과외라는 명목으로 무려 10여 과목에 대해 학원 신세를 지는 일을 막을 수 있을 것이다. 나아가 본고사의 도입은 주관적이고 일률적인 고교등급제의 문제를 사라지게 할 것이다. 사실 이미 고교등급제는 이름뿐이다. 외국어고등학교, 과학고등학교 등 특수목적 고등학교가 이미 존재하고 있고, 비평준화 지역에서 두각을 나타내는 고교가 많기 때문이다.

해마다 시험 부정, 출제 위원 선정 문제, 난이도 조정 문제 등 지루하고 비생산적인 논란만 양산하고 있는 현행 대학 입시제도, 학생과 학부모는 물론이고 대학 당국에게도 골칫덩어리로 전락한 입시제도는 폐지되어야 마땅하다. 허울 좋은 평등주의의 탈을 쓴, 정치 논리가 덧씌워진 교육정책의 대명사인 3불 정책 중에서도 최악의 정책인 본고사 금지 정책, 당초 달성하고자 했던 정책 목표를 하나도 달성하지 못한 정책은 이제 역사의 뒤안길로 사라져야 할 때가 왔다.

참여정부 출범 이래로 측근들에 대한 논공행상은 계속되고 있지만 정작 정권 출범의 일등 공신인 청년층에 대한 배려는 찾기 어렵다. 지난 선거에서 노무현 후보를 지지했던 그들은 오늘날 엄청난 실업의 무게 앞에 고개를 숙이고 있다. 우리 사회의 최대 문제 중 하나로 떠오른 청년실업은 어떻게 극복할 수 있을까?

이제까지 청년실업의 주원인으로 지목된 것은 일자리가 늘지 않는 취업 환경의 급변이었다. 그러나 취업 환경은 단기적으로 개선될 것 같지 않다. 기술혁신에 기반한 생산성 향상을 위한 노력은 신규 채용을 억제할 것이고 높은 비용구조 때문에 제조업을 중심으로 한 해외탈출 역시 증가세가 꺾이지 않을 것이다. 강성 노동 운동이 건재하는 한 노동시장이 획기적으로 유연화될 가능성은 희박하고 조세감면 규제완화가 진행돼도 투자환경이 중국이나 동남아국가보다 월등하게 개선될 것으로 보이지 않는다.

따라서 문제를 해결하기 위해서는 환경의 변화를 기다리기보다는 새로운 경제 환경에서 경제구조 고도화를 주도할 수 있는 인재를 양성하는 것이 긴요하다는 결론에 이르게 된다.

비록 시간이 걸리겠지만 교육의 질적 개선이야말로 가장 근본적인 해법이다. 이제까지 교육구조는 급변하는 노동력 수요구조의 변화에 부응하지 못해 왔다. 첫째, 실업계 고등학교들이 침체하고 있다. 한때 산업현장에 양질의 노동력을 공급해 왔던 공업·상업고등학교는 우수 학생들을 인문계 고등학교에 빼앗기고 있고, 학생들에게는 기업이 요구하는 수준의 교육을 제공하지 못하고 있다.

둘째, 대학교육의 질적 정체 역시 대졸 실업자들을 양산하는 데 일조했다. 대학들은 지식기반 경제로 이행하고 있는 산업구조에 맞는 교육을 제공하지 못해 기업들은 신입사원의 재교육에 막대한 시간과 비용을 투자해야 한다. 셋째, 교육기관과 산업체 간의 피드백 구조의 미비 또한 학생들의 구직난을 부채질했다. 고등학교와 대학의 정원과 학과과정 그리고 교원충원 체계가 산업별·

직종별 인력수요 전망으로부터 동떨어져 있다. 기업이 정원과 교육과정을 주관하는 교육인적자원부의 정책결정 과정에서 원천적으로 배제돼 왔기 때문이다.

끝으로 우리의 교육구조에서는 교육의 질을 높일 수 있는 원동력인 교육기관 사이의 경쟁이 부재했다. 자퇴생이 급증하고 대안교육에 대한 수요가 늘어나는 와중에서도 교육인적자원부는 하향평준화에 급급했다. 대학 재정확보책의 다양화, 대학별·학과별 경쟁적 교육 시스템을 구축하기 위한 정책전환은 더디기만 했다. 김대중 정부는 학벌주의의 등장 배경을 무시한 학벌철폐정책과 학생들에게 선택의 폭을 넓힌다는 미명하에 학부제 도입에 시간을 낭비했다.

새 정부 들어서도 눈에 띄게 변화된 모습은 찾기 어렵다. 노무현 대통령은 과거정부의 정책을 계승해 인위적 평등주의의 실현에 더 관심을 두었다. 교육행정정보 시스템 도입의 사례에서 보여주는 것과 같이 학원이 교원과 학부모의 대결장으로 전락하는 것을 방관해 왔다. 학내에서 선명성 경쟁과 조직의 결속력을 유지하기 위한 충돌이 이어지는 과정에서 학생들은 질 높은 교육은 고사하고 학습권을 박탈당했다.

교육정책의 방향감각 상실이 더 이상 계속돼선 곤란하다. 위기는 기회이다. 정치일정이 빡빡하고, 신규정책 도입의 적기라는 취임 첫해가 저물고 있지만 정부는 지금이라도 청년들의 얼굴에 웃음을 되찾아주는 일에 나서야 한다. 그렇지 않으면 고령화하고 있는 우리 사회의 미래를 짊어질 청년 세대들은 절망과 고뇌의 늪에서 헤어 나오기 어려울 것이다. 그 누구보다도 노무현 대통령을 비롯한 신세대 정치인들을 열렬히 지지했던 그들은 배신감과 상실감에 사로잡힌 채 현 집권 세력의 가장 큰 적으로 돌변할지 모른다.

교육정책, 철의 삼각동맹 깨라

2005년 초에 대통령이 단행한 교육 부총리 인사는 환영할 만하다. 김진표 부총리는 경제 관료였음에도 불구하고 교육 문제에 깊은 관심을 보여왔다. 틀에 박힌 사고 방식에 사로잡히지 않고 참신하고 대담한 견해를 제시해 왔다. 그러나 한편으로는 과연 잘 해낼 수 있을지 걱정이 앞선다. 우리의 교육정책은 중대한 기로에 서 있기 때문이다.

한편으로는 구태의연한 정책 입안과 집행 시스템이 남아 있다. 이제까지 우리의 교육정책은 '정치인', '교육관료' 그리고 교원노조와 같이 '조직화된 유권자'로 이뤄지는, 상호의존적인 '철의 삼각동맹'에 의해 독점돼 왔다. 정책을 입안하는 정치인들은 표를 좇는 속성이 있다. 이들은 특히 잘 조직된 유권자들의 주장과 요구에 약하다. 이념적 지향이 비슷하다면 특정 정치인의 조직화된 유권자들에 대한 의존도는 더욱 커질 수밖에 없다.

정치인들이 임명하는, 정책을 집행하는 교육관료들은 변화에 둔감하다. 대부분의 경우, 문제가 없는 한 기존 제도의 유지를 꾀한다. 변화를 추구할 때는 현장의 목소리에 귀를 기울이기보다는 생소한 교육 이론과 철학을 들먹이며 추상적인 원리와 원칙을 실험하려 든다. 조직화된 유권자는 조직원들의 이익 보호에 전념한다. 이와 관련, 교원노조의 경우, 겉으로는 학생들과 학부모의 기본권을 지킨다고 주장하지만 실제로 대부분의 활동은 교원들의 업무량을 줄이고, 고용 안정성을 증대시키는 등 각종 혜택을 지키거나 늘리는 데 초점이 맞춰져 있다.

다른 한편으로는 철의 삼각동맹이 위협을 받기 시작하고 있다. 이제껏 철저히 외면당해 온 교육의 수요자인 학생과 학부모, 기업들이 반란을 꾀하고 있다. 조기 유학이 보편화되고 있다. 사교육비의 부담을 이기지 못해서, 자녀들에게 좀더 나은 교육을 시키기 위해 시작된 해외 조기유학은 더 이상 상류층의 전유물이 아니다. 이제 중산층까지 확산되고 있으며 외화유출과 가족 붕괴라는 부산물까지 낳을 정도이다. 이는 교육 수요자들이 더 이상 교육 공급자의 횡포에 당하고만 있지는 않겠다고 선택한 결과이다.

아울러 출산율 저하가 교육 시장의 구조에 격변을 몰고오고 있다. 이미 초등학교의 경우, 한 반의 학생수가 크게 줄었다. 지방의 경우 폐교를 하는 사태가 속출하고 있다. 출산율 저하의 파장은 중등 교육에도 전해지기 시작하고 있다. 대학 교육이라고 예외가 될 수는 없다. 조만간 고교 졸업생보다 대학 입학 정원이 많게 되는 사태가 벌어질 것이다. 그럴 경우 신입생 부족으로 대학 교육 시장으로부터 퇴출당하는 대학이 나오게 될 것이다.

교육 부총리는 이 같은, 교육정책의 공급자와 수요자 사이에 불거져 나오는 갈등을 조정해야 한다. 이를 통해 새로운 교육정책의 패러다임을 내놓아야만 한다. 새로운 패러다임이 지향해야 할 바는 자명하다. 이제껏 무시되어 왔던 교육 수요자들의 요구에 귀를 기울여야 한다. 이를 위해서는 무엇보다 정부의 영향력이 축소돼야 한다. 정부의 역할은 일부 교육기관들의 부도덕한 행위를 징계하는 '공정한 감시인' 그리고 경제적으로 어려운 학생들에게 과감한 지원을 하는 '마음씨 좋은 후견인' 의 역할에 머물러야 한다.

이와 함께 경쟁 원칙을 도입해서 공교육의 질을 획기적으로 높여야 한다. 공교육의 질이 높아지면 사교육에 대한 의존도가 낮아질 것이다. 사교육비에 대한 가계부담도 동반해서 하락할 것이다. 해외유학에 대한 수요가 줄어들면서 유학으로 인한 외화 유출 규모도 줄어들 것이다. 질적으로 우수한 학생들을 양산해서 청년 실업난도 완화시킬 수 있을 것이다.

그러나 쉽지 않은 일이다.

이러한 변화는 수십 년간 지속돼 온 교육정책 패러다임에 정면으로 도전하는 일이다. 그러나 그 중요성은 아무리 강조해도 지나치지 않다. 교육개혁은 날이 갈수록 치열해지는 국제 경쟁에서 우리가 살아남을 수 있는 산업구조 고도화의 전제 조건이다. 갈수록 줄어드는 청년 노동인구가 점차 늘어나는 노령 인구를 먹여 살릴 수 있는 유일한 길이기도 하다. 그렇기에 학부모로서 기존 교육정책의 한계를 몸소 체험했고, 경제 수장으로서 교육이 국가 경쟁력과 국민 복지에 미치는 영향력을 잘 알고 있는 김 부총리에게 거는 기대는 클 수밖에 없다.

두 진보 정당의 너무나 다른 교육정책

보수에 대응하는 진보정당이라고 서로 같지는 않은 모양이다. 급진적인 사회변혁을 표방한 386세대가 대거 포진하고 있는 우리 여당의 교육정책과 영국 집권 노동당의 교육정책은 달라도 이렇게 다를 수 없다. 우리의 교육정책이 교육 소비자인 학생과 학부모들의 선택을 억제하고 정부 중심주의, 규제 중심주의로 치달았다면 영국의 교육정책은 반대였다. 크게 세 가지 차이점이 두드러진다.

첫째, 토니 블레어Tony Blair가 이끄는 노동당 정부는 중등교육의 자율성을 늘리는 데 노력해 왔다. 교육부의 권한을 최소화하는 것은 물론이고 지역별로 설립돼서 산하 초·중등 교육기관들의 일거수일투족을 규제해 오던 지방 교육청의 권한을 줄여왔다. 재정 운영과 교과 과정을 일률적으로 통제하는 지방 교육청의 규제가 학생들의 다양한 재능과 욕구를 반영하지 않고 획일적인 교육을 강요했다는 반성 때문이었다.

둘째, 다양한 중등 교육기관 설립을 추진했다. 우리의 특목고에 해당하는 스페셜리스트라고 불리는 학교는 외국어, 수학, 예술 등 특정 교과목을 집중해서 교육시키는 곳이다. 아카데미는 도심 빈민가의 학교들 중 사실상 폐교 상태나 다름없었던 곳에 새 생명을 불어넣기 위해 설립되었다. 파운데이션 스쿨은 재정 운영, 교과 과정 그리고 학교 운영 철학에 이르기까지 지방 교육청의 간섭이 없이 운영되는 학교이다. 블레어 정부는 교원 노조, 교육 관리, 그리고 일부 여당 의원들의 격렬한 반대에도 불구하고 해마다 이들 학교의 수를 늘려왔다 .

셋째, 민간자본을 최대한 이용했다. 멀게는 1996년 노동당 대회에서부터 교육의 중요성을 역설해 온 블레어는 집권 후에 교육 예산을 크게 늘려왔다. 그러나 정부 예산만으로는 교육의 질을 높일 수 없다는 것을 인정했다. 위에서 언급한 학교들을 설립하고 운영하는 데 기업, 종교 단체 그리고 시민 단체 등 민간의 참여를 적극적으로 장려했다. 정부는 일정한 기준을 설정하고 이 기준을 만족시키기만 하면 학교를 설립하고 운영할 수 있는 허가를 내줬다.

우리는 어떤가?

안타깝게도 정부가 앞장서서 학생들이 다양한 교육을 누릴 수 있는 가능성을 가로막고 있다. 국제중학교 설립의 경우 정부는 서울시 교육청의 특성화 중학교 인가권을 빼앗아서라도 국제중학교 설립을 막겠다고 나섰다. 결국은 한 사립 재단이 설립 신청을 포기하는 지경에 이르렀다. 2002년부터 시범 운영하기 시작한 이른바 자립형 사립고등학교에 대한 정책도 마찬가지다. 정부의 입장은 가능한 한 자립형 사립고를 만들지 말라는 것이다. 외국어고등학교는 신설을 제한한 것은 물론이고 학생 모집을 엄격하게 규제해 왔다.

물론 정부는 나름대로의 이유가 있다. 교육의 양극화를 막겠다는 것이다. 특목중·고가 부유층 자녀들의 전유물이 된다는 논리다. 그러나 머리가 우수하다는 것은 재산으로 결정되는 것이 아니다. 또한 정부는 이들 학교의 등록금이 높게 책정되어 가난한 학생들의 입학을 막는다고 주장한다. 그렇지만 정말로 교육 기회의 불평등을 걱정한다면 능력은 있지만 가정형편이 어려운 학생들에 대한 해당 학교의 장학제도를 확충하면 된다. 특목중·고 진학을 위해 별도의 사교육을 받지 않아도 되도록 초등학교, 중학교의 교육의 질을 대폭 높이면 된다.

이렇듯 양극화의 병폐를 줄이면서 교육의 자율성과 선택의 폭을 늘리는 방법은 무궁무진하지만 정부는 쉬고 있다. 대표적인 진보 정당인 영국 노동당도 폐기한 평준화 정책을 신주단지 떠받들 듯하고 있다. 언제쯤 우리나라에서도 영국에 준하는 교육정책 혁신이 실시되는 것을 볼 수 있을까?

교육복지
매력적인 복지 대안,

사그라질 줄 모르는 국민연금에 대한 반대
여론은 복지정책과 관련해 중대한 시사점을 제공하고 있다. 국민
들은 국가 주도도, 시장에 일임한 것도 아닌 제3의 복지정책을 주
문하고 있는 것이다. 시장 일임형 복지정책은 두 가지 이유에서
비현실적이다.

첫째, 한때 사회안전망 기능을 해주던 가족이 붕괴되고 있다.
생계형 자살의 증가는 친족의 후의에 의존해 어려움을 극복하던
시기가 끝나고 있음을 말해 준다. 청년실업자로 전락한 자녀들이
부모의 노후를 챙겨줄 여력이 있을 리 없다. 이혼율이 높아지면서
고아가 늘고 이에 따라 부모의 적극적인 보살핌을 받으며 성장할

수 없는 아이들이 늘고 있다.

둘째, 외환위기 이후 절대 빈곤층의 숫자가 대폭 늘었을 뿐 아니라 많은 국민들은 빈곤을 사회구조적인 문제로 보고 있다. 그래서 아파트 원가 공개, 부유세 도입과 같은 극단적 정책 대안에 박수를 보내고 있다. 그리고 이러한 국민 정서에 부합하는 정치 세력과 정치인들이 기세를 올리고 있다. 표심의 향방에 민감하게 마련인 정치인들에게 점차 늘어가는 유권자들의 요구를 무조건 외면하라고 주문하기는 어렵다.

그렇다고 국가 주도로 복지혜택을 확대하는 것이 해답이 될 순 없다. 무엇보다 정부주도의 복지정책은 관료주의와 예측불가능성의 문제를 안고 있다. 국민연금의 운용 과정에서 드러난 바와 같이 복지 운영 체계가 비대화되고 비효율적으로 운영되기 쉽다. 복지의 질과 양은 정부의 재정상태 악화, 부담계층 축소, 수혜계층 증가와 같은 수많은 변수에 따라 변화하게 마련이다. 더불어 일방적 혜택 위주의 국가복지는 의도하지 않은 결과를 낳는다.

유럽 국가들에서 보듯이 삶의 질을 스스로 낮추며 국가지원만으로 연명하는 인구가 늘어나게 만들 수 있고, 노동시장의 규모를 축소시키며 기업의 인력난을 가중시킬 수 있다.

국민적 일체감도 저해시킬 수 있다. 부담 계층이 수혜 계층을 사회적 실패자, 무임승차자로 여기며 불신감을 키울 뿐 아니라 남의 복지를 부담해야 한다는 사실에 반발할 수 있다.

따라서 국가복지와 시장복지를 뛰어넘는 제3의 복지정책의 모색이 필요하다. 정부와 기업이 손잡고 실직자와 빈곤층 자녀들에게 교육 기회를 제공하는 '교육복지'가 그 대안일 수 있다.

교육복지는 세 가지 특징을 갖는다.

우선, 청장년층 복지혜택 수혜자들에게 물고기를 주기보다는 낚시할 수 있는 방법을 가르쳐준다. 교육복지는 뜻하지 않은 실직이나 곤궁에 빠진 노동 연령층 국민들에게 취업교육을 통해 어려움을 스스로 극복할 기회를 준다. 이로써 시민들이 복지혜택 수혜자들에 대해 갖는 편견을 완화시킬 수 있다. 재교육의 기간과 횟수에 제한을 둘 경우 실업에서 노동시장 재진입까지 소요되는 시간을 단축시킬 수 있다.

한편, 빈곤층 자녀들에게 교육 기회를 확대해 가난의 세습 현상이 확대되는 것을 막는다. 빈곤의 세습을 끊기 위해 부모에게 무한정의 물적 지원을 제공하기보다는 그들의 자녀들에게 교육의 기회를 제공한다. 교육이야말로 빈곤 극복의 가장 합법적인 지름길이라는 국민적 공감대에 주목한다. 가정환경으로 인해 아이들이 자신들의 재능과 성실성에도 불구하고 가난의 족쇄에 매어 있을 가능성을 최소화한다.

끝으로, 시장경제의 주체, 기업과의 연계를 극대화한다. 기업들은 교육내용에 기업의 요구를 반영할 수 있어야 한다. 교육복지는 기업의 구인난을 해소하고, 교육을 마친 수료자들의 실업난을 완화시키는 데 기여할 수 있는 것이다. 동시에 기업은 교육에 소요되는 기자재와 장소를 적극적으로 제공해 줘야 한다. 국가 복지의 고질적 문제인 관료주의와 복지 재정의 과다화를 막고자 하는 것이다.

물론 제3의 복지 패러다임의 구상을 현실화시키기는 쉽지 않을 것이다. 그러나 이미 세계 각국은 미국식 시장 복지와 유럽식 국가 복지 모두의 한계를 인정하고 다양한 개혁을 모색하고 있다. 모범 답안을 찾기 힘든 현시점에서 교육복지는 매력적인 대안이 될 수 있다. 교육복지야말로 후발주자의 이점을 최대로 살려 선진국 복지정책의 한계를 극복하고, 복지정책과 관련한 국민적 정서를 최대한 반영할 수 있을 것이다.

제 얼굴에 침 뱉기라고 해도 할 말이 없다. 우리의 대학 교육은 문제이다. 초·중·고등학교 학생들의 실력은 OECD 국가들 중에서 핀란드 다음으로 2위를 차지하는 등 세계 정상급이라는 보도를 자주 접하지만 대학생들의 수준이 세계적이라는 소식은 듣기 힘들다. 이러다 보니 우리 대학에 가기보다 해외로 유학을 가는 학생들 수가 크게 늘었다. 우수 대학 졸업생들의 경우 해외에서 박사 과정을 밟기 시작한 지는 오래되었다.

이러한 위기의 원인 중 하나가 최근에 국회예산처에서 발표한 중장기재정소요 분석보고서에서 밝혀졌다. 보고서에 따르면 고등교육 부문에 대한 재정지출이 전체 교육 예산에서 차지하는 비중이 매우 낮은 것으로 나타나고 있다. 1인당 국민총생산액과 비교해 교육재정규모가 매우 작은 우리나라. 고등교육 예산의 비중은 그 교육재정 중에서도 극히 일부분에 지나지 않는다. 대학 예산은 초등학교에 대한 예산의 7분의 1 수준에 머물고 있다.

그 결과, 교원 1인당 학생수는 OECD 평균인 14.9명의 2배에 이르는 32.2명에 달하고 있다. 국립 대학의 경우 정부의 재정 지원은 대학 전체 예산의 40~50% 선에 그친다. 나머지는 기성회비라고 불리는 등록금에 의존한다. 2003년 현재 전문대의 경우 95%, 4년제 대학의 경우 85%에 이르는 사립대의 경우 문제는 더 심각하다. 대학 운영 예산에 있어 등록금에 대한 의존도가 평균 65%에 달하고 있지만 학생, 학부모들의 반발로 인해 등록금 인상이 여의치 않기 때문이다.

이쯤되면 우리나라에 세계 100위권 내의 대학이 없다고 한탄하기에 앞서 대학 교육이 황폐해질 때까지 정부는 무엇을 했느냐고 따져볼 만하다. 그러므로 대폭적인 예산 증액을 요구해야 한다. 물론 무작정 예산을 늘리는 것이 능사라는 말은 아니다. 대학 교육에 대한 지원과 투자를 효과적으로 집행하기 위해서는 다음의 세 가지 원칙을 따르는 것이 중요하다.

첫째, 선택과 집중의 원칙을 따라야 한다. '대학 지원금은 모든 대학들에게 공평하게 돌아가야 한다' 는 식의 논리는 철저하게 배제돼야 한다. 모두가 공감할 수 있는 평가 기준을 마련하고 이에 근거해서 대학을 평가해야 한다. 교육 효율에 있어 우수한 국립, 사립 대학들에게 그렇지 못한 대학들에 비해 많은 지원금이 지급되어야 한다.

둘째, 정치 논리에 사로잡히지 말아야 한다. 지역 안배나 로비가 지원 기준이 되는 것을 막아야 한다. 이를 위해서는 대학 지원금 선정 대상과 집행 결과에 대한 평가는 정부가 아닌 정치적 외풍으로부터 상대적으로 자유로운 제3자가 시행하는 것을 검토해 볼 필요가 있다. 박정원 상지대 교수의 지적처럼 스코틀랜드가 시행하고 있듯이 피지원 대학들 중 책임 주체를 선정해서 이 대학으로 하여금 지원금 집행을 감독하게 해서 사업 관리의 엄격성을 도모하는 것도 방법일 수 있다.

셋째, 구조조정을 유도해야 한다. 정부의 예산 지원을 우리 대학 교육의 가장 큰 문제점 중 하나로 꼽히는 특색이 없는 '백화점식 교육'을 지양할 수 있는 계기로 삼아야 한다. 아울러 대학 잉여 시설이나 인력에 대한 대책을 세울 수 있는 기회로 만드는 것도 중요하다. 특히 신입생 확보가 어려워진 대학들의 경우, 평생교육 기관으로 전환시키는 노력이 절실하다.

반가운 소식은 뒤늦은 감은 있지만 정부가 고등 교육 예산을 늘리기로 했다는 것이다. 교육인적자원부는 2005년부터 3년 동안 매년 3000억 원을 지원하기로 했다. 수도권 대학 특성화지원 사업 예산과 지방대 육성을 위한 '지방대 혁신역량 강화' 사업 지원 규모도 확대된다고 한다. 여기서 그쳐서는 안 된다. 대학 예산 규모는 OECD 평균인 GDP 1%의 절반에도 못 미친다. 지원 대학 선정과 지원금 남용, 오용을 둘러싼 잡음은 조금도 줄어들지 않았다. 원칙에 근거한 교육 예산 증액으로 초·중·고등학생 못지 않게 우수한 대학생들을 길러내야 할 때가 됐다.

교육은 그 나라의 미래를 결정한다. 현재의 교육 수준은 5년 뒤, 10년 뒤의 나라 발전과 직결된다. 그런 의미에서 2005년에 있었던, 우리나라 초·중등학생 성적이 핀란드 다음으로 우수하다는 OECD 발표는 고무적이었다. 성적이 높은 이유가 공교육 때문인지 아니면 학생들이 받는 사교육 때문인지는 많은 논란의 여지가 있다. 그러나 즐거운 소식임에는 틀림없다. 대학생의 경우는 얘기가 다르다. 우리 대학생들의 실력이 세계 정상권이라는 뉴스는 접하기가 힘들다.

그만큼 대학 교육의 질이 떨어진다는 얘기이다. 고등학교 졸업자의 대부분이 대학교에 진학하는 전세계에서도 드문 우리나라.

그러나 세계 100위권 이내인 대학교는 극소수이다. 대학 졸업 후에는 연구와 학업을 계속하기 위해선 외국에 나가는 것이 당연하게 여겨지고 있다. 이른바 국내파 박사들이 홀대 받는 현상이 오늘날에도 이어지고 있다. 그뿐이 아니다. 최근에는 아예 우리 대학 대신 외국 대학의 문을 두드리는 고등학생들의 숫자가 기하급수적으로 늘고 있다.

대학 교육의 질이 이처럼 떨어지는 원인 중 가장 큰 원인 중 하나로는 과도한 규제를 들 수 있다. 물론 정부 관계자들은 입만 열면 규제를 완화했다고 한다. 그러나 현실은 다르다. 대학 설립과 대학 정원 등 수많은 분야에 터무니없는 규제들이 그대로 남아 있다. 정부지원규모가 미미한 사립대학의 경우까지 규제를 하고 있어 사학의 발전을 저해하고 있다. 3불 정책 등 입시 정책에 대한 규제는 국내 대학이 직면하고 있는 규제의 극히 일부일 뿐이다.

더 이상은 곤란하다. 계속 방치하면 우리 대학들이 외국 대학에 대해 역차별을 받는 상황이 연출될 수 있다. 교육 시장 개방에 따라 이제는 안방에서 외국 대학들과 경쟁하게 된 국내 대학들. 규제 일변도의 현재의 대학 정책의 지속된다면 금융산업에서 볼 수 있듯이 국내은행은 규제를 하고 외국은행은 규제하지 않아 발생하는 역차별 문제가 교육 분야에서도 생기지 말라는 법이 없다. 이를 막으려면 시장 개방이 본격화하기에 앞서 규제 완화가 시급하다. 규제 완화는 세 가지 원칙에 따라 이뤄져야 한다.

첫째, 세계 수준에 맞춰 자율화 정책을 추진해야 한다. 국내 정치용, 생색내기식 규제 완화는 곤란하다. 각종 규제를 세계 수준으로 완화해야 세계 수준의 대학이 등장할 수 있다. 이를 위해서는 아무리 그럴듯한 이유가 있더라도 규제 지향적인 교육정책은 다양하고 차별성 있는 교육을 막는다는 사실에 대한 공감대가 형성되어야 한다. 규제의 편의를 도모하다 보면 획일화를 초래하는 규제 자체의 특성은 교육정책에도 적용된다는 것을 정부 관료들도 인식해야 한다.

둘째, 대학들로 하여금 자율화에 상응한 책임을 인식시켜야 한다. 규제를 없애기만 하면 당장 모든 문제가 해결될 것이라는 것은 아니다. 규제 완화와 자율화에 따른 문제도 발생할 수 있다. 따라서 이를 막기 위한 조치를 마련하는 것이 필요하다. 국립대학의 경우는 정부와 대학, 사립대학의 경우는 재단과 대학이 서로 계약하고 그 운영 결과를 평가해서 그에 상응한 책임을 지울 수 있는 시스템을 마련하는 것이 중요하다.

셋째, 규제 개혁의 내용과 절차가 투명하게 이뤄져야 한다. 규제 완화는 규제 신설 못지않게 분쟁을 일으킬 소지가 많다. 규제 완화의 방향과 절차 그리고 내용에 따라 이득을 보는 대학과 손해를 입는 대학이 나올 수 있다. 그렇기에 최악의 경우 대학 간의 분쟁이 격화되어 규제 완화 자체가 이뤄지지 않을 수 있다. 최악의 시나리오를 피할 수 있는 길은 규제 개혁의 내용과 절차를 모든 이해당사자가 알게 하는 일이다.

쉽지 않은 일일 것이다. 규제를 실시하기는 쉬우나 완화나 폐지는 어렵기 마련이다. 그러나 어렵다고 해서 규제 혁파를 근간으로 하는 대학 교육 개혁을 더이상 미룰 수 없다. 지원은 적고 규제만 많은 少지원 多규제의 교육정책 대신 多지원 少규제의 새로운 교육정책에 힘입어 국내 대학들이 세계 수준으로 발전하기를, 그래서 우리의 대학생들의 실력이 초·중·고등학교 학생들과 같이 세계 최고라는 평을 받을 수 있기를 기대해 본다.

2차 대전 이후 후진국에서 선진국 문턱에 진입한 대표적인 케이스로 꼽히는 우리나라. 자원도 없고 전쟁의 참화를 겪은 나라가 기적에 가까운 업적을 이룬 이유는 무엇일까? 학자들의 한결같은 결론은 '교육'이다. 성장 엔진은 바로 '사람'이라는 사실에 주목한 정부와 국민들의 높은 교육열이 경제 발전의 원동력이 됐다는 것이다. 그러나 과거의 성공에 안주할 수는 없다. 기존의 교육 시스템으로는 세계 경제 전쟁에서 살아남기 어렵게 됐다. 특히 지식 경제 시대의 첨병을 길러내는 대학 교육은 지원은 적으면서 규제만 많은 少지원 多규제의 덫에 걸려 있다.

우선 교육 예산을 보자. 기획예산처의 재원 배분 계획에 따르면 정부의 교육 예산은 2006년 이후 2010년까지 5년간 연평균 8%씩 증액을 하게 되어 있다. 그렇지만 같은 기간 동안 고등교육 예산은 5.5%씩 증가할 뿐이다.(표 5 참조) 서울대학교의 예산 증가폭은 지난 4년 동안 거의 동결 상태였다. 그러다 보니 살림 형편이 말이 아니다. 2006년 서울대의 운영 예산은 3900억 원. 이는 미국 하버드대학의 7분의 1, 일본 도쿄대학의 4분의 1에 지나지 않는 액수다.

절대 액수 기준으로도 대학 지원 예산은 터무니없이 적다. 2006년 현재 정부의 고등교육 예산은 약 3조3000억 원이다. GDP 대비로는 약 0.39% 수준이다. 이는 경제협력개발기구OECD 평균인 1%의 절반에도 미치지 못하는 액수이다. 더군다나 예산 중에서 61%는 국립대학 인건비 등에 쓰이는 운영비이고 대학정책 지원 사업 예산은 1조3000억 원에 불과하다. 대학 구조개혁 지원 사업은 매년 줄어들어 2007년 520억 원에 불과하다.

지원은 쥐꼬리만 하지만 규제는 엄청나다. 한 사립대학 교무처장의 말을 빌리면 현재 교육부에 의한 규제 종류는 78가지에 이르고 눈에 보이지 않는 행정지도는 헤아릴 수 없을 정도라고 한다. 사정이 이렇기에 사립대 관계자들은 2004년에 이어 올해 소집된 대학자율화위원회에 참가를 거부하고 있을 정도다. 이것도 안 된

다 저것도 안 된다면서 이미 규제 가이드라인을 정해 놓은 상황에
서 열리는 위원회는 정부의 언론 플레이에 지나지 않는다는 것을
잘 알고 있기 때문이다.

서울대를 비롯한 국립대학에 대한 규제도 만만치 않다. 2004년
내려진 학부 축소 결정에 따라 등록금이 줄어들면서 한층 더 악화
된 서울대학교의 재정 사정. 이론상으로는 들어오는 돈이 줄면 씀
씀이를 줄여서 이를 대처할 수 있어야 한다. 수입을 늘려 재정을
자체적으로 충당할 수 있어야 한다. 현실은 다르다. 국립대학의
수입은 국고로 모두 귀속된다. 구조 조정과 인력 조정 등 국립대
인 서울대의 운영은 정부로부터 일일이 허가를 받아야 한다.

이렇다 보니 대학 교육의 질이 높을 리가 없다. 2004년 스위스
국제경영개발원IMD의 대학경쟁력 평가에서는 우리 대학들이 제
공하는 교육의 질은 조사대상 60개 국가 중에서 59위를 차지하는
치욕을 겪었다. OECD는 우리의 고등 교육의 경쟁력에 대해 심각
한 우려를 표명하면서 정부의 규제 완화와 교육 시스템의 구조적
개혁이 시급하다고 역설하기에 이르렀다.

이제라도 늦지 않았다. 지식집약 산업 시대에 걸맞은 국가 경
쟁력을 갖추기 위해서, 대학이 기업들이 원하는 수준의 인재를
배출하지 못해서 생기고 있는 심각한 청년 실업 문제를 완화하기
위해서라도 대학 교육정책에 대한 대대적인 재검토가 이뤄져야

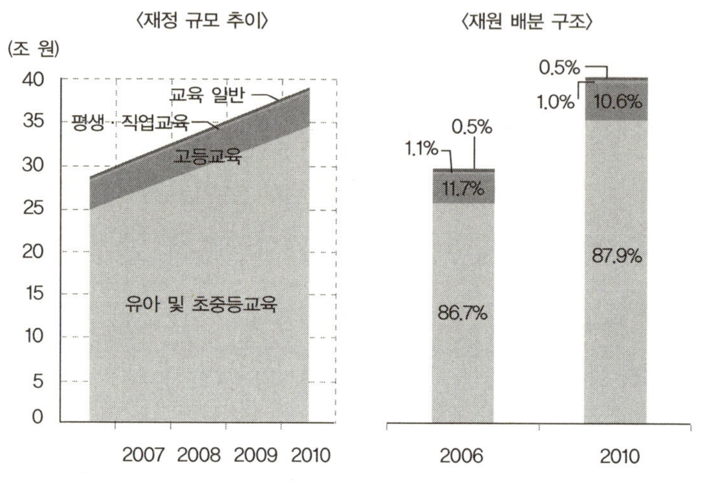

부문별 교육 예산 배분

구분	2006년	2007년	2008년	2009년	2010년	연평균증가율
교육 분야 (증가율)	287,650	308,890 (7.4)	337,140 (9.1)	363,788 (7.9)	391,565 (7.9)	8.1
고등학교	33,666	35,308 (4.9)	37,140 (5.2)	39,340 (5.9)	41,655 (5.9)	5.5
유아 및 초/중등교육	249,424	268,783 (7.8)	294,958 (9.7)	319,162 (8.2)	345,143 (8.1)	8.5
평생/직업 교육 부문	3,052	3,071 (0.6)	3,201 (4.2)	3,375 (5.4)	3,741 (10.8)	5.2
교육 일반 부문	1,507	1,728 (14.7)	1,804 (4.4)	1,911 (5.9)	2,026 (6.0)	7.7

자료 : 기획예산처, 교육인적자원부

만 한다. 초등, 중등 교육에 중점을 두고 대학 교육을 소홀히 하는 교육 시스템은 중진국까지 오르는 데는 적합했을지 모르지만 선진국으로 도약하는 데는 한계가 있다. BRICs 국가들의 추격을 뿌리치고 초우량 국가가 되기 위해서는 아낌없는 지원을 하되 대학의 자율성을 최대로 보장해 주는 새로운 정책 패러다임의 도입이 절실하다.

POPULISM

4장

제대로 된 정치를 꿈꾸며

POPULISM

무엇을 남길 것인가

얼마 남지 않은 노무현 대통령의 임기, 임기의 마지막 해에는 레임덕 현상이 본격화한다는 것을 고려한다면 후세에 남기고 갈 역사적 유산을 심각하게 고민할 때이다. 그렇다면 대통령이 남겨야 할 유산은 어떤 것이 있을까? 그것은 아마도 정치 개혁일 것이다. 선거와 같은 정치 과정에 소요되는 비용을 줄이고 정경유착과 같은 정치과정의 부정적 부산물을 근절하는 개혁이 참여 정부의 역사적 유산이 될 수 있고, 되어야 하는 이유는 세 가지이다.

첫째, 다른 업적을 남기기 어렵다. 2002년 대통령 선거 때의 선거공약으로 내세운 연평균 경제성장율 7% 달성은 현재로서는 불가능하다. 2년 안에 우리가 동북아시아의 물류, 금융 허브가 될 것으로 보기도 어렵다. 일본과 중국 사이의 힘의 균형자가 되겠다는 구상은 희망일 뿐이다. 왜냐하면 이를 뒷받침해 줄 만한 투자나 노력이 뒤따르지 않았기 때문이다. 지역감정 해소는 새로운 복병을 만났다. 수도 이전 사업으로 인해 기존의 영호남 사이의 지역감정 외에 수도권과 비수도권, 충청권과 비충청권 사이에 불신과 질시의 감정이 자라났다.

둘째, 상대적으로 달성하기가 쉽다. 위에서 열거한 목표들을 달성하기 어려운 이유는 수많은 이해 집단들의 반발을 아울러야 하기 때문이다. 과도한 재정 지출에 대한 우려도 정책 집행을 가로막는다. 반면 정치 개혁에 소요되는 재정 지출은 무시할 수 있을 정도다. 정책 집행을 가로막을 이익 집단의 수도 훨씬 적다. 정치 개혁은 언제나 대다수의 국민들의 지지를 받는 몇 안 되는 개혁안 중 하나이다.

셋째, 경제발전에 많은 기여를 할 수 있다. 정치 개혁은 국가 운영에 있어 거래비용을 줄일 수 있다. 각종 선거에 동원되는 인력과 자금을 대폭 제한함으로써 고비용, 저효율의 정치를 저비용, 고효율로 바꿔줄 수 있을 것이다. 기업과 정치권 사이에 검은 밀실 거래를 종식시킬 경우, 국민들 사이에 기업들에 대한 부정적인 이미지를 줄이는 데도 일조할 것이다. 한편으로 우리 기업과 정부에 대한 신뢰도가 높아질수록 많은 해외 자본을 유치할 수 있다.

물론 말처럼 쉽지 않은 것이 정치 개혁이다. 개혁은 정치권이 제 목에 방울을 다는 격이기 때문이다. 특히 재집권 가능성이 불투명한 집권당이 정치 개혁을 실행하기란 어쩌면 무모해 보이기까지 한 결단을 필요로 한다. 실제로 과거에 비해 엄격하게 선거관리법을 적용시킨 결과, 총선과 보선에서 여당 후보들이 당선 무효 판결을 받는 장면이 잇달아 연출됐다. 집권당의 지지율이 20% 밑으로 추락한 현 시점에서 정경유착을 원천적으로 봉쇄하고 선거 자금과 방법에 제한을 가하는 개혁은 재집권 가능성 자체를 봉쇄할지 모른다.

그래서일까? 곳곳에서 후퇴의 징조가 보이고 있다. 여권 내에서는 정치 자금법과 선거관리법을 현실화하자는 목소리가 들려온다. 2002년 대선 자금 수사는 개혁 의지에 의문을 갖게 했다. 깃털만 잡아들이고 대선 자금 수수에 최종적인 책임을 져야 할 몸통은 빠져나갔다는 비난에도 불구하고 수사가 서둘러 종결됐다. 지난해 광복절에는 헌정 사상 최대 규모의 사면이 있었다. 각종 경범자들을 대거 사면해서 준법정신을 훼손했던 것도 문제였지만 더 큰 문제는 사면 대상에 불법 선거와 정치 자금 수수로 구속된 인사들이 대폭 포함됐다는 것이다.

그렇기에 노 대통령은 대단히 어려운 결단을 내려야 한다. 정치

개혁을 뒤로 미루거나 후퇴시킬 경우, 후대에 노 대통령이 개혁 대통령으로 기억될 가능성은 높지 않다. 눈앞의 이익에 좌우되는 정치꾼으로 남을 것인가, 아니면 소아보다는 대아를 택하는 리더십을 발휘할 것인가? 국민들은 모두 노 대통령의 결단을 지켜보고 있다.

'닉슨의 비극'을 방관할 수 없다

연말이면 통상적으로 개각에 대한 보도가 고개를 든다. 개각 여부와 인선 자체는 인사권자인 대통령의 고유 권한이지만 시중에서는 그의 인선에 대해 기대하는 한편 우려도 고개를 들고 있다. 대통령을 보좌하며 국정을 돌볼 인재들을 인선하는 데 있어 유념해야 할 것은 닉슨Richard Nixon 미국 대통령의 전철을 밟지 않는 것이다. 그는 대단히 뛰어난 능력의 소유자였지만 열등의식에 사로잡혀 측근만을 중용하고 신뢰해서 결국 파멸에 이르렀다.

닉슨은 입지전적 인물이었다. 텍사스 주의 빈곤한 가정에서 태어나 주경야독을 하며 자수성가하는 데 성공했다. 그는 달변가로

유명해서 국민의 감정에 호소하는 연설로 정치적 위기를 극복하는 데 탁월한 솜씨를 보였다.

닉슨은 의지의 인물이기도 했다. 뜻하지 않게 1960년 대통령 선거에서 좌절을 한 데 이어 캘리포니아 주지사 선거에서도 고배를 마셨지만 끝내 백악관 입성에 성공한다.

그러나 대통령이라는 지위도 그의 성격적 결함을 고치지는 못했다. 가장 치명적인 결함은 열등의식이었다. 닉슨은 아이비리그 대학을 나와 미국 동북부에 기반한 기성 권력층이 자신을 대통령으로 여기지 않는다고 굳게 믿었다.

특히 야당인 민주당에 우호적인 《뉴욕 타임스》와 《워싱턴 포스트》 등 이른바 주류 언론들에는 적대감에 가까운 의혹과 불신을 보였다. 그랬기에 닉슨은 언론에 노출을 극도로 꺼리는 비밀주의적 국정 운영을 선호하고 수많은 친위 비선 조직을 만들었다.

닉슨의 비극은 바로 그 같은 인사정책에서 비롯됐다. 인맥과 충성도로 대통령의 수족이 된 측근들은 대통령의 실정失政을 지적하는 것을 게을리 했다. 정권재창출을 위해서는 법과 원칙도 안중에 없었다. 워터게이트 스캔들은 비선 조직 중 하나가 저지른 불법행위에서 비롯됐다. 조직원들이 야당 전국위원회 사무실을 무단 난입했고 이를 보도한 기사에 대해 닉슨은 언론의 근거 없는 음해 공작이라고 잡아뗐던 것이다.

노무현 대통령과 닉슨을 자꾸 비교하게 되는 것은 왜일까? 노 대통령은 2005년 4·15 총선 뒤부터 여당 정치인들을 장관 등 요직에 임명해 왔다. 장관은 전문가들을 잘 활용할 줄만 알면 된다는 것이 이유였지만 그 결과 전체 국무위원 20명 중 절반인 10명을 여당 의원들이 차지하게 됐다. 이번 개각 역시 친위 내각이 될 가능성이 클 것이라고 한다.

지방의원 선거에 여당 대표로 나가는 장관들과 당으로 돌아오는 정치인 출신 장관들의 공석을 다시 측근들로 채운다는 것이다. 대통령의 국정 수행 만족도나 여당에 대한 지지도가 낮아지면서 대거 외부 인사를 영입해 여론을 무마하는 이제까지의 인사 관행이 무시될 듯하다. 이미 청와대 보좌관들의 대통령 찬미가에 식상한 우리 국민들이다. 전직이 무엇이었든 간에, 국민의 여론이 어떻든 간에 상관없이 보좌진들은 대통령은 불세출의 성군이고 우리나라는 태평성대라는 발언을 하고 글을 쓰느라 여념이 없다.

국민들의 만류에도 불구하고 계속되는 몇몇 신문사에 대한 대통령의 시비걸기에 또 한편으로는 대통령을 펀드느라 하루가 모자란다. 개각과 관련한 보도가 사실로 굳어진다면 장관들도 보좌관들이 펼치는 유치찬란한 충성 경쟁에 뛰어들지 말라는 보장이 없다. 이래서는 안 된다.

이 땅에 닉슨의 비극이 반복돼서는 곤란하다. 닉슨의 비극은 개인의 비극으로 끝나지 않았다. 미국의 비극이 뒤를 따랐다. 국민들의 대통령에 대한 존경심이 땅에 떨어지고 사회 지도층 전반에 대한 신뢰도가 곤두박질쳤다. 닉슨의 비극을 피하기 위해서는 콤플렉스를 벗어던지고 측근 정치, 비밀 정치의 유혹을 이겨야 한다. 서민들의 피 끓는 애환에 귀를 기울여야 한다.

닉슨의 비극을 방관하기에는 우리나라가 갈 길이 너무나 멀다.

스타일이 아닌 목적을

독일의 슈뢰더 총리와 일본의 고이즈미 총
리를 부러워한다는 노 대통령을 지켜보는 국민들은 안타깝기만
하다. 대통령은 두 사람이 추구하는 승부사식 정치 '스타일'에만
관심이 있을 뿐 '목적'에 대해서는 관심이 없어 보이기 때문이다.
낮은 지지율로 고민을 하던 슈뢰더와 고이즈미. 이들은 최근 의회
해산과 총선거 실시라는 초강성 승부수를 둬 재미를 봤다.

그들 자신의 지지율을 크게 올리는 데 성공했다. 지지율이 20%
대로 추락하고 과거사 청산이나 연정聯政 등의 사안들이 호응을
얻지 못하자 노 대통령은 이들이 부러워진 듯하다. 권력 이양, 개
헌 그리고 임기 단축 가능성 등 파격적인 제안을 내놓으며 정국을

정면 돌파하려 하고 있다.

이 과정에서 망각하고 있는 것은 슈뢰더와 고이즈미가 추구하려 한 경제 살리기란 목적이다. 슈뢰더는 침체에 빠진 독일 경제를 살리기 위해 '어젠더 2010'을 중심으로 한 개혁안을 내놓았다. 사회보장 제도를 현실화하고 소득세율을 인하하는 세제 개혁을 추진했는가 하면 노동 시장의 유연성을 높이려 애썼다.

기존의 교육 시스템으로는 새로운 경제 환경에 적합한 노동력을 배출할 수 없다고 판단하고 대대적인 교육 개혁을 단행했다. 고이즈미도 장기 불황에 허덕이는 일본 경제를 구조적으로 개혁하고자 노력했다. 대학에 자율성을 주어 고등교육의 질적 향상을 꾀하는 한편 핵심 인재를 조기에 발굴, 육성하기 위해 엘리트 중등교육 기관의 설립을 장려했다.

경제 운영에 있어서는 국가 부문의 영향력을 줄이려고 했다. 중의원 해산에까지 이르게 만든 우정郵政 개혁은 이 같은 노력의 일환이었다. 금융 산업의 국제 경쟁력을 높이고 경제에 활력을 불어넣기 위해서 우편, 간이생명보험 그리고 우편저금의 이른바 3대 우정 사업을 민영화하고자 한 것이다.

경제 개혁을 이끄는 과정에서 이들은 자신의 지지층의 반발에 직면했다. 독일 경제 개혁의 가장 큰 반대 세력은 여당인 사민당의 핵심 지지층인 조직 노동자들이었다. 학생들의 반발도 거셌다.

등록금 상승을 받아들일 수 없다며 거리로 나왔다. 그러자 사민당 지지율이 급락했다. 반개혁 성향의 좌익당Linkspartei이라는 신당까지 등장했다. 그럼에도 불구하고 슈뢰더는 굴하지 않았다. 자신의 정치 생명을 걸고 경제 개혁에 대한 재신임을 물었다.

고이즈미도 마찬가지였다.

우정 개혁안이 참의원 통과에 실패한 까닭은 다름 아닌 여당인 자민당 의원들 때문이었다. 농촌 지역에 지역구를 둔 다선 의원들은 개혁을 필사적으로 반대했다. 민영화를 할 경우 자신들 지역구의 우정 업무가 중단되고 막대한 해고 사태가 따를 것이라는 이유였다. 고이즈미는 이들과 타협을 거부했다. 정치적 자살 행위라는 비아냥을 들으면서까지 총선거를 실시하기로 했다. 자신의 정치적 운명보다는 일본 경제의 구조 개혁이 더 중요하다는 이유였다.

그렇지만 노 대통령은 슈뢰더와 고이즈미가 이룩하고자 한 경제 및 경제 개혁을 뒷받침해 줄 교육 개혁에 대해서는 관심이 없어 보인다. 10월 보궐선거에서 경제보다 정치 이슈가 중심이 되길 바라는 것일까? 진정 우리 경제는 아무런 문제도 없다고 여기는 것일까? 진정한 이유는 알 수 없지만 정치 안건의 해결이 경제 문제 해결의 선결 조건이라는 주장 속에서 국정의 중심은 경제가 아닌 정치에 놓여 있음을 알 수 있다.

슈뢰더와 고이즈미를 부럽다고 여긴다면 보여서는 안 될 모습이다. 그들이 승부수를 던져 이룩한 정치적 재기가 부럽다면 두 사람이 선택한 정치적 수단보다 수단을 통해 이룩하려 했던 목표가 무엇이었는지를 고민해야 한다.

정권 말 신드롬을 경계한다

침체에 빠진 우리 경제에 새로운 복병이 나타났다. 정권 말 신드롬이 그것이다. 집권당의 정권 재창출 가능성이 불투명할수록, 경제상황에 대한 국민의 불만이 높을수록 나타나기 쉬운 정권 말 신드롬은 세 가지 형태로 표출된다.

첫째, 정치 논의의 과잉에 따른 관심의 이반離反이다. 선거가 가까워올수록 야당과의 합종연횡을 통한 집권 가능성을 높이기 위해 정치 문제가 전면으로 등장한다. 집권당에서는 권력 분산의 필요성과 내각제의 장점을 역설한다. 대선거구제 대신 중대선거구를 채택해야 한다는 주장도 단골 메뉴이다. 공청회를 열고 야당과의 물밑 협상과 신경전으로 대통령 이하 집권당 의원들이 날밤을

지새우는 동안 총력을 기울여도 될까 말까 한 경제 문제는 뒷전으로 밀린다.

둘째, 경제 문제에 대한 책임 전가다. 집권당은 곧 있을 대통령 선거에서 경제 문제가 핵심 쟁점으로 떠오르는 것을 막으려고 안간힘을 쓴다. 경제와 관련이 없는 이슈로 국민들의 관심을 돌리려 한다. 문제의 심각성을 불가피하게 인정해야 할 경우 경제난의 원인을 불안정한 환율, 유가와 같은 국제 원자재가 상승 등 대외 환경의 탓으로 돌린다. 과거 정권에 대한 비난도 잊지 않는다. 오늘날의 경제 문제는 앞서 집권했던 정권들의 탓이라는 것이다. 책임 회피와 전가가 계속되는 한 경제팀 경질이나 획기적인 정책 전환은 기대하기 어렵다.

셋째, '묻지 마' 식 경제정책의 양산이다. 겉으론 경제가 문제없다고 하면서도 뒤로는 선거일에 맞춰 경제 지표를 높이기 위한, 체감경기를 개선시키기 위한 정책을 남발한다.

신용불량자 사면 정책이나 실업률 통계를 좋게 만들기 위한 대규모 토목사업 등이 대표적이다. 이런 정책들은 다음 정권의 경제 운용에 많은 무리를 주게 마련이다. 신드롬을 피하거나 부정적인 파급효과를 최소화할 수 있는 방법은 없는 것일까? 생각해 볼 수 있는 방법은 두 가지이다.

첫째, 경제 운용에 있어 정부의 영향력을 줄여야 한다. 국가 경제에서 정부가 차지하는 비율이 낮을수록 노골적으로 정치적인 목적을 위한 정책을 펴려는 유혹은 작아질 수밖에 없다. 한국은행이나 각종 경제운용기관들이 청와대 입김에 좌우되지 않을 것을 아는 이상 선거 승리를 위해 인위적인 환율 또는 재정정책을 펴려는 시도를 접게 될 것이다.

둘째, 언론의 자율성을 침해하지 말아야 한다. 언론이 권력의 감시자로서의 제 기능을 다하도록 해야 한다. 언론이 앞장서서 정권말 신드롬을 조성하려는 시도에 경종을 울리도록 할 수 있게, 정부 여당이 경제 문제로부터 국민들의 관심을 돌리거나 경제난의 책임을 전가하려 할 경우 이를 꾸짖고 모든 경제 운영 능력이 선거의 핵심 이슈가 되도록 해줘야 한다.

쉽지 않은 일이다. 특히 정권 재창출을 꾀하는 집권 여당이 이 같은 조치를 자발적으로 취하리라고 기대하기란 어렵다. 복지정책을 포함한 경제 운영에서 정부의 역할을 줄이고 언론의 자율성을 증대시키는 일은 여당이 스스로 손을 묶고 발목에 족쇄를 채우는 것과 같기 때문이다. 기업가가 이윤을 추구하듯 정치가는 권력을 갈구하기 마련이라는 것을 생각한다면 집권당 정치인들이 이 같은 조치를 취할 가능성은 거의 없어 보인다.

그러나 역사는 눈앞의 이익보다는 먼 훗날 역사의 평가에 귀 기울이는 결단에 의해 움직여왔다. 대통령과 여당 정치인들에게 정

134

권 말 신드롬으로부터 우리 경제를 자유롭게 하는, 개인의 이익에
는 어긋날지 모르지만 전체 국민의 이익에 부합하는 용단을 보여
주기를 기대해 본다.

미국의 36대 대통령 린든 존슨Lyndon Johnson. 자타가 공인하는 출중한 능력을 지닌 상원 원내 총무였고 강철 같은 체력을 자랑했던 그였지만 대통령직은 감당하기 어려웠다. 임기를 겨우 마친 뒤 불과 4년 뒤, 그는 운명을 달리했다. 존슨의 비극은 정책 남발로부터 비롯됐다. 1963년 대통령직에 오른 그는 전임 존 F. 케네디John F. Kennedy를 뛰어넘는 업적을 남기려고 했다. 이듬해 3월, 존슨은 빈곤과의 전쟁을 선포하고 대대적인 복지 정책을 도입했다. 8월에는 제3세계에서 공산주의의 확산을 막는다는 명목으로 베트남전에 뛰어들었다.

그러나 세계 최고 부국인 미국도 두 가지 정책을 동시에 집행할 수는 없었다. 전쟁 비용이 늘면서 국방비가 하늘로 치솟았다. 복지 예산이 집행되자 더 많은 혜택을 요구하는 목소리가 높아졌다. 감세정책을 유지하면서 국방과 복지 지출을 충당하려다 보니 화폐를 발행할 수밖에 없었다. 그 결과 인플레이션이 고개를 들었다. 성장 잠재력 배양과 무관한 분야에 예산이 집행되는 사이, 상품의 국제 경쟁력은 급격하게 떨어져갔다. 경제가 기울기 시작하면서 미국 사회는 좌절과 불만의 어두운 터널 속으로 빨려 들어갔다.

오늘날 우리에게 존슨의 비극은 남의 일처럼 들리지 않는다. 정부는 엄청난 재원이 소요되는 사업들을 잇달아 발표하고 있다. 110조 원 상당의 농어촌 투·융자가 계획 중이고 보육, 고용, 아동 교육비를 2배가량 늘리겠다고 한다. 대형 토목사업을 추진하며 신도시를 20개나 신설하겠다고 한다. 과반수가 넘는 국민들의 반대에도 불구, 수십조 원이 소요될 행정수도 이전을 강행할 태세이다. 외교·안보 분야에도 대규모 예산 지출이 불가피하다.

국방비의 대폭 증액이 요구되고 있고 북핵 협상이 타결된다면 보상의 명목으로 천문학적인 액수가 대북 지원 사업에 투입돼야 할 것이다. 한편 정부는 특소세 인하, 임시투자세액 공제 연장 등 각종 감세 조치를 취하려 하고 있다. 우리나라가 세계화와 민주화의 도정에 들어선 이상 앞으로 감세는 계속할 가능성이 높다.

세계화된 경제에서는 조세의 국제 경쟁력을 걱정하지 않을 수 없다. 세금이 높을 경우 외국 기업들의 국내 진출을 유도하기 어렵게 되고 국내 기업의 해외 탈출을 부추길 것이기 때문이다. 다음 선거를 걱정해야 하는 정치가들이 재정 건전성을 챙기리라고 기대하기 어렵다. 인기 없는 정책이라는 사실을 잘 알면서도 세율 인상과 세금 신설을 추진할 정치가는 많지 않을 것이기 때문이다.

그렇다면 어떻게 비극을 막을 것인가? 첫째, 지출 사업의 우선 순위와 규모에 대한 재검토가 필요하다. 재원 확보 대책이 없는 대규모 재정 집행으로 경제난을 초래하는 것을 막기 위해서는 국제 경쟁력 및 성장 잠재력 배양과 밀접히 관련된 분야에 대한 예산 집행을 우선시하고 그 규모를 대폭 확대해야 한다. 그렇지 않은 분야에 대한 지출은 뒤로 미루거나 사업 규모를 줄여야 한다.

둘째, 정부 조직을 축소해 예산 지출 요인을 원천적으로 줄여야 한다. 수십 개에 달하는 위원회들이 정말로 필요한 것인지, 이들이 기대했던 역할을 해내고 있는지 전면적인 감사가 필요하다. 정부 부처 중에서도 기능이 중첩되는 부서가 없는지, 실제 기능보다는 정치적 고려에 의해 설립된 부서는 없는지 살펴보아야 한다. 정부의 몸집은 늘이기는 쉬워도 줄이기는 어렵다. 일단 만들어진 부서는 지출을 늘려갈 뿐 줄이는 경우는 드물다는 사실을 상기할 필요가 있다.

셋째, 기업활동을 활성화해 세율을 높이거나 조세를 신설하지 않고도 세수를 늘릴 수 있어야 한다. 기업이야말로 '세금이라는 황금알'을 낳아주는 거위라는 것을 인식, 더 많은 외국 기업을 유치하고 우리 기업들이 국내에서 기업 활동에 전념할 수 있는 환경을 만들어주어야 한다. 아울러 기업은 고용이라는, 가장 근본적인 사회 복지의 원천이라는 사실을 되새겨야 한다. 사회적 기여를 정부나 노조가 일방적으로 강요하는 것은 곤란하다. 강제화된 사회적 기여는 준조세화가 되어 기업인의 의지를 꺾을 수 있다.

재원 확보책이 마련되지 않은 상태에서 성장잠재력 배양과 관련이 없는 존슨과 같은 정책을 남발해 초래한 비극을 되풀이하느냐 여부는 정부의 선택에 달려 있다고 하겠다.

2006년부터 정부는 민생 경제 되살리기에 전력을 다하겠다고 했다. 무엇보다 사태를 제대로 인식한 듯한 반가운 소식이다. 그러나 정부가 택한 방법은 우려를 자아낸다. 경기부양책으로 제시한 한국형 뉴딜(이하 뉴딜)은 눈에 띄지 않는 위험성을 안고 있다.

쌍둥이 파산의 가능성이 있기 때문이다. 개인 파산과 내수부진으로 야기된 경제난을 타개하는 명목으로 집행한 정책이 국가 재정을 피폐화시켜 정부와 개인 모두를 파산의 지경에 이르게 만들지 모른다.

경제난의 가장 큰 원인은 '국민의 정부' 가 집행한 무차별한 내수진작책이었다는 데는 이론의 여지가 없다. 신용카드 지출로 경기가 활황을 이루며 민주당은 쉽게 총선에서 승리할 수 있었다. 그러나 경제적 대가는 컸다. 카드 연체자가 급증하면서 개인 신용불량자는 2005년 12월 말을 기준으로 360만 명에 이르렀고, 개인 부채는 올 들어 500조 원을 넘어섰다. 국민의 64%가 위환위기 때보다 경기가 안 좋다고 불평한다.

그러나 해법으로 제시된 뉴딜은 운영의 묘를 살리지 않는다면 새로운 문제를 야기할 수 있다. 뉴딜식의 경기부양책은 자기 재생산 메커니즘을 갖고 있기 때문이다. 메커니즘은 세 가지 행위자들이 자신들의 이익을 추구하는 과정에서 일어난다.

첫째, 정치가들은 정치적 효과를 극대화하는 정책을 선호한다. 건설사업과 같이 가시적 업적을 좋아한다. 정책에 수반되는 비용은 가급적이면 쉽게 눈에 띄지 않거나 숨길 수 있어야 한다.

둘째, 정책을 입안해 내는 관료들은 국가 경제에 대한 영향력을 자신들이 속한 부처의 영향력을 키우는 방향으로 극대화하려 한다. 시장과 기업이 중심이 되기보다는 부처 이기주의의 논리가 스며든 정책들을 내놓게 마련이다.

셋째, 유권자들은 부양책에 중독되기 쉽다. 한번 맛을 들이면 다시 손을 내밀게 마련이다. 혜택은 손에 쥐어지지만 그 대가와 비용은 즉각 드러나지 않기에 유권자들의 손 벌리기는 계속된다.

이 같은 이유로 인해 정부 주도 경기부양책은 기대한 만큼 효과를 쉽게 거두지 못하게 된다. 비용이 가시화되는 게 두려워 대규모 부양책을 쓰기 어렵고, 특정 분야에 집중 투자하는 일도 쉽지 않다. 뚜렷하게 경기가 반전되지 못하면 유권자들의 비난이 빗발치게 된다. 그러면 다시 한 번 정책 집행과 예산통과에 전권을 행사하는 관료들과 국회의원들 다수는 만족하지만, 국가 경제에는 획기적 혜택을 가져다주지 못하는 부양책이 입안, 집행되게 된다.

그 결과 정부 주도 경기부양책은 단기적으로는 재정 건전성을 해치고 중장기적으로 정부를 빚더미 위에 올라앉게 만들 수 있다. 이 같은 잠재적 위협을 최소화하기 위해서 적어도 두 가지 원칙을 따르는 것이 중요하다.

첫째, 경기부양에 기업의 참여를 극대화해야 한다. 정부의 역할은 세금을 이용하거나 국채를 발행해 재원을 제공하기보다는 기업들이 투자하지 않고 비축해 놓은 자본을 해외 대신 국내에 안심하고 투자할 수 있는 기회와 환경 조성에 노력해야 한다. 경기 부양은 규제를 혁파하고 움츠러든 기업가 정신을 북돋는 기회가 돼야 한다. 국민들에게 정부가 직접적으로 혜택을 주기보다는 기업을 통하게 해 만성적 정부 의존증이 자라는 것을 막아야 한다.

둘째, 정부 투자는 성장잠재력 배양에 직접 기여할 수 있는 분야에 집중돼야 한다. 예를 들어 양로원을 짓기보다는 취업을 원하

는 노인들에 대한 직업 교육의 기회를 제공하고 취업 기회를 확보
해 줘야 한다. 선거를 선심행정의 기회로 삼는 것을 막아야 한다.
정부가 주도하는 경기부양을 절대악으로 여기는 건 문제가 있다.
경기주기가 스스로 회복되는 것을 막연하게 기다릴 순 없는 노릇
이다. 그렇지만 뉴딜식 부양책은 치유되기 힘든 심각한 문제를 안
고 있다는 것도 간과해선 안 된다.

　혜택이 주는 달콤한 결실에 빠져들다가는 걷잡을 수 없는 결과
를 낳을 수 있다. 뉴딜은 곤궁에 빠진 국민들에게 힘을 북돋아줄
수 있는 계기가 될 수 있지만 우리 경제를 더욱 깊은 늪에 빠뜨릴
수도 있다는 사실 또한 잊지 말자.

요즘 들어 경제인들의 대화는 한 가지 주제로 모아진다. 우리 경제의 미래를 볼 때 앞으로 몇 년은 버티겠지만 그 뒤에는 먹고살 것이 없다는 걱정이다. 내 힘만으로 경제를 살릴 수 없고, 정부도 경제인 편을 들어주지 않는다고 불평이다. 그러면서도 얼마 안 있으면 좋아지지 않겠느냐는 얘기도 나온다. 정부가 정신을 못 차릴 경우 경제난이 가중되면 유권자들의 실망이 커져서 정권 교체가 이뤄질 것이라는 것이다. 언뜻 들어보면 그럴듯한 얘기다.

현 정부는 사안의 중대성에도 불구, 비경제적 문제에 집착해 경제 문제에 집중하지 않았다. 1961년 이후 집권한 대통령들의 임기 첫해의 국정 주안점은 임기 전의 경기상황에 따라 좌우됐다. 경기가 나쁠 경우 주안점은 경제 살리기에 놓였다. 경기가 좋으면 주안점은 정치개혁으로 흘렀다. 그러나 노 대통령은 달랐다. 이미 경기하강이 진행되는 시기에 집권했음에도 경제는 큰 관심거리가 아니었다.

언론과의 전쟁과 사법부 개편에 나섰다. 탄핵 부결 이후 총선에서 국회를 장악한 후에도 경제가 최우선 관심사란 증거는 어디에도 없다. 청와대가 수도 이전과 과거사 재정립 사업을 벌여놓은 마당에 여당 의원들은 경제 문제에 집중할 수가 없다. 아울러 정책집행의 시기를 놓치고 있다. 가장 비근한 예는 행정 개혁이다. 국무총리와 통일부 장관, 복지부 장관 3인이 행정부를 책임지는 헌정사상 최초의 분권 실험을 선언했다.

으름장이 먹혀 들어갈 집권 첫해가 한참 지난 뒤에 시작된 개혁은 가뜩이나 국민들과 재계의 요구에 무감각하다는 관료들을 더욱 얼어붙게 만들어놓는 데 그칠 가능성이 높다. 행정 개혁이라는 말이 나오기가 무섭게 관료들은 복지부동伏地不動하게 마련이다. 사정한파와 인사 이동에 몸을 다치고 싶지 않아서이다. 그렇지 않을 경우, 겉으로만 혁신을 한다고 분주하고 자기 부처, 자기 사람 챙기기 등 뒤에서는 딴청을 부리곤 한다.

그러나 경제정책 집행의 실기失期로 인해 경제난이 계속된다고 하더라도 정권 교체가 이뤄질 것 같지는 않다. 다름 아닌 우리 유권자들 때문이다. 유권자들은 약점이 너무 많고 정치가들은 그 약점을 누구보다 잘 알고 있다.

첫째, 유권자들은 하나의 이슈로만 투표하지 않는다. 따라서 정치가들은 경제 문제가 심화될수록 관심사를 경제와 무관한 분야의 주제를 중심으로 다양화한다. 경제난이 가중되더라도 외교 문제와 부정부패 문제 등이 제기되면 유권자들의 관심은 분산되기 쉽다. "경제정책은 마음에 들지 않지만"이라는 심리가 발동한다.

둘째, 유권자들은 통계 숫자에 약하다. 집권 세력은 국가 경제의 건전성을 나타내는 수십 가지의 지표 중 유리한 것을 선택적으로 제시할 수 있다. 청년들의 일자리가 창출되지 않아도 다른 나라와 비교하며 우리의 상황이 그다지 나쁜 것이 아니라고 강변할 수 있다. 가장 중요하게는 전년 동기 대비 개선치를 제시한다. 집권 초기의 경제 성적이 워낙 나빴을 경우 전년 동기 대비 수치는 대폭 높아지게 마련인데, 이럴 경우 '이 추세를 밀어주자'라는 논리가 힘을 얻는다.

셋째, 투표는 항상 상대적이다. 여당이 무능하다고 반드시 야당이 유능하리란 보장은 없다. 지금 야당이 주장하는 경제정책도 여당에 비해 낫다고 말할 수 없다. 언론의 힘을 입은 여당이 경제난을 야당 탓으로 돌리는 것에 성공할 경우 정권 교체는 요원해진다.

선거 당일 날에는 "정권은 밉지만 대안이 없으니"라는 논리가 힘을 얻는다.

이 같은 추론을 우리 정치 현실에 대입해 보자. 그러면 왜 대통령의 지지율이 바닥임에도 불구하고 우리 대통령의 얼굴엔 미소가 떠나지 않는 것인가를 쉽게 알 수 있다. 시간이 지나면 곧 정권이 교체되고 정권이 교체되면 다시 한 번 우리 경제는 특유의 역동성을 되찾을 것이라는 기대가 헛된 것인지를 알 수 있다. 한번 빠진 포퓰리스트 정치의 덫에서 헤어 나오기란 그만큼 쉽지 않은 것이다. 여기서 빠져나오려면 우리 국민이 현명해지는 수밖에 없다. 이제 난국을 헤쳐 나갈 지혜를 모을 때이다.

드라마 대장금이 중국에서 엄청난 인기를 누리고 있다고 한다. 그러나 왠지 대장금 열풍이 반갑지만은 않다. 드라마를 받아들이는 중국인들의 태도 때문이다. 그들은 대장금을 보면서 이른바 '장금 정신'을 되새긴다고 한다. 온갖 역경에도 불구하고 궁녀에서 전의가 된 장금이의 도전정신을 본받아 초강대국이 될 때까지 국력 신장에 매진하자고 다짐을 한다고 한다. 이미 세계 4위의 경제 대국이 됐건만 주마가편走馬加鞭을 멈추지 않고 있는 것이다. 우리는 어떤가?

대장금을 만들어 수출한 우리나라에서는 언제부터인가 장금정신을 찾기 힘들어졌다. 그 자리에는 묘한 현실 안주의식이 자리

148

잡았다. 반일감정은 있되 극일 정신은 찾기 어렵다. 미국을 경멸하지만 버금가는 국력을 키우자는 다짐을 접할 수 없다. 중국의 오만방자함을 욕하면서도 중국의 속국 신세로 전락하는 것을 막아야 한다는 결의는 없다. 대신 "지금도 좋다", "이 정도도 잘한 것 아니냐"는 자기만족 의식이 팽배하다. 우리가 어쩌다 이렇게 됐을까?

과거 우리나라에도 장금 정신이 가득했던 때가 있었다. 정부가 앞장서서 경제 개발 목표를 정하고 이를 달성하기 위해서 밤낮으로 노력했다. '한강의 기적'이라며 외국 언론들이 너도나도 칭찬을 하고 외국 금융 기관들이 앞 다투어 한국 경제의 미래를 장밋빛으로 그렸지만 귀 기울이지 않았다. 매년 거시 경제학의 상식을 비웃는 목표를 세우고 이들을 초과 달성해 냈다. 이젠 먼 옛날의 일이다.

민주화 이후 새로운 현상이 나타나기 시작했다. 정치권이 자아도취증을 퍼뜨렸다. 우리의 실력을 과대 포장했다. 끝 간 데 없는 낙관론을 유포시키고 작은 업적이라도 부풀려서 내세웠다. 닥쳐올지 모르는 위기와 자신들이 범한 실책을 숨겼다. 그래야만 지지율을 높이고 정권을 재창출할 수 있을 것이라는 얕은 정치적 계산 때문이었다.

김영삼 정부는 우리가 세계 5위의 강대국 대열에 오른다고 선전했다. IMF 사태를 목전에 두고서도 경제의 펀더멘털은 아무런 문제도 없다고 큰 소리쳤다. OECD 가입 역시 국익보다는 선거를 앞둔 정치적 계산의 발로였다는 의혹이 짙다. 김대중 정부는 외환 위기 뒤에 되살아나는 듯했던 장금 정신을 꺼뜨렸다. 우리는 IMF의 우등 졸업생이라고 샴페인을 터뜨렸고, 월드컵 4강 달성으로 세계 일류 국가라도 된 것인 양 전국을 축제의 도가니로 빠뜨렸다.

노무현 정부도 다르지 않았다. 희한한 논리를 총동원해서 우리야말로 동북아의 중심국이라고 스스로를 치켜세우거나 세계 12위의 경제 대국이라고 우쭐대기에 바쁘다. 국민들로 하여금 "우리는 이미 대단하다"는 집단 최면에 빠져들게 하고 있다. 우리 경제가 어떻게 여기까지 왔는지, 갈 길은 또 얼마나 먼 것인지, 세계 경제에서 현재 차지하고 있는 위상을 유지하는 것조차도 얼마나 버거운 것인지를 잊게 만들고 있다. 큰 문제이다.

진정 우리 경제의 미래를 걱정한다면 이제는 국민들이 나서서 자화자찬의 잔치상을 엎어야 한다. 설사 정부가 올해 성장 목표치인 5% 성장을 달성한다고 해도 기뻐해서는 안 된다. 5% 성장은 최근 몇 년간 우리 경제가 잠재성장률에도 못 미치는 저성장을 해온 데에 대한 상대적인 반등일 뿐이다. 우리 경제 규모를 볼 때 이 정도 성장도 대단하다고 뿌듯해하지는 말자. 우리 경제 규모의 20배가 넘는 미국 경제는 2005년 3/4 분기 4.1% 성장을 기록했다. 경제 거인 중국은 올해도 8.9%의 초고속 성장을 계속할 것이라는 전망이다. 노동 인구의 급감으로 인해 잠재성장률이 급락하기 전에 경제를 반석 위에 올려놓기 위해서는 정치꾼들이 퍼뜨리는 자기만족, 자아도취의 주술의 노예가 되어선 곤란하다. 이제 잊고 지낸 장금 정신을 되살리는 원년으로 만들어야 한다.

닮은 듯 다른 두 사람. 2002년 10월, 브라질 대통령이 된 루이스 이나시오 룰라 다 실바Luiz Inacio Lula da Silva 대통령과 2002년 12월 대통령 선거에서 승리한 노무현 대통령은 닮은 점이 많다. 두 사람 모두 급한 성미를 지녔을 뿐 아니라 빼어난 말솜씨의 변호사이기도 하다. 그러나 두 사람이 처한 처지는 천지차이이다. 룰라는 아직도 높은 지지를 받고 있다. 서민들은 여전히 그에 대한 기대를 접지 않고 있다. 이에 비해 우리 노 대통령의 지지도는 형편없다. 집권 1년이 채 되지 않아 여론이 등을 돌렸다. 이유는 자명하다. 경제 문제 때문이다.

국민들은 노무현 대통령을 경제정책에 관한 한 '3무無' 대통령이라고 부르고 있다. 첫째, 노 대통령은 경제 문제에 관해 무관심했다. 1961년 이후 집권한 대통령들은 집권 첫해 경제에 대한 관심도를 기준으로 할 때 두 부류로 나눌 수 있었다. 박정희, 전두환, 김대중 대통령은 경제 문제에 집중했다. 반면 노태우, 김영삼 대통령에게는 경제가 가장 중요한 의제는 아니었다. 경제난 또는 경기하강 국면에 집권한 대통령들은 경제 문제 해결에 전력을 다할 수밖에 없었지만 노 대통령은 달랐다.

노 대통령은 집권 초 경기가 이미 하강곡선을 그리고 있었고 카드빚 문제를 필두로 경제구조적 난맥상도 고개를 들었다. 그러나 신임 대통령은 경제에 이렇다 할 관심을 두지 않았다. 국민소득 2만 달러 달성과 동북아 중심국가 건설의 모토는 슬그머니 공론의 장에서 사라졌다. 일부 신문사와의 싸움에, 엄청난 사회불안을 야기했던 파업 뒤처리에, 난마처럼 꼬인 국책사업 진행에, 측근들을 둘러싼 잡음을 해명하는 데 8개월이 지났다.

둘째, 노 대통령은 경제 현안에 대해 무대책으로 일관했다. 자유무역협정 체결의 필요성을 강조했던 대통령. 그러나 가장 큰 피해를 받게 될 농어민들의 생존전략을 제시하지 못했다. 부동산투기 근절을 천명했지만 투기자금이 경제의 선순환 구조에 자발적으로 들어올 수 있는 환경 조성을 소홀히 했다. 외국인 직접투자 유치의 중요성을 인식한다고 했지만 결과는 거의 없었다. 외국인

투자가 저조한 근본 원인을 고치지 못했기 때문이다. 오히려 국내 기업의 해외투자가 가속화되고 있다.

노동문제에는 갈지자 걸음이 계속됐다. 노동시장 유연화라는 원론을 강조하면서도 지지층을 외면하기란 쉽지 않았다. 그렇다고 재벌개혁이 힘 있게 추진된 것도 아니었다. 우연히 발각된 정경유착 사례에 대한 선택적 소극적 조사 외에는 전임 대통령들이 보여준 지배구조 개선이나 회계의 투명성 제고를 위한 제스처도 찾기 어려웠다. 물류비용 최소화를 위한 조치 역시 취해지지 않았다. 사회간접자본에 대한 획기적 투자는 고사하고 제2의 물류대란을 막을 수 있는 물류체계의 개혁도 이뤄지지 않았다.

끝으로 노 대통령은 무책임한 행동을 거듭했다. 경제가 중요하다고 언급은 했지만 분기별 연도별로 경제목표를 설정하고 이를 달성하기 위해 모든 부처가 전력을 경주하게 하는 지도자의 모습을 보여주지 못했다. 한편 일련의 정치 행보는 경제의 최대의 적인 불확실성을 증폭시켰다. 돌출성 발언과 비일관적인 언사들로 전 국민이 대통령의 진의를 파악하는 데 진땀을 빼게 만들었다. 국회의 비협조를 통탄하면서도 오히려 여소야대與小野大 상황을 악화시켰다. 하이라이트는 재신임 투표 요구였다. 이탈하고 있던 지지층을 총선에 앞서 재결집하기 위해 국론을 치유하기 어려울 정도로 분열시키고 말았다. 안타까운 일이다. 우리에겐 시간이 많

지 않다. 주변국의 빠른 성장과 낮은 출산율로 인해 10년 이내에
요소투입을 통한 경제성장은 불가능해지는 시점에 다다르게 될
것이다. 지식경제로의 경제구조 고도화와 이를 뒷받침할 교육개
혁에 경각을 다뤄야 할 때다. 이 같은 사실을 알고 있다면, 역사
에 남을 대통령이 되고 싶다면, 노 대통령은 '3무' 대통령이란 꼬
리표를 떼도록 노력해야 한다. 이제부터라도 경제대통령이 돼야
한다.

쉬워 보이면서도 어려운 것이 인사정책인가 보다. "국가 경영에 있어서 가장 중요한 것은 사람이다"라고 입만 열면 다짐을 했던 참여 정부가 인사정책의 난맥상으로 지탄을 받고 있다. 의외의 일이다. 참여 정부는 인사정책에서만큼은 문제가 없을 것 같았다. 두 가지 이유에서이다.

첫째, 인사정책의 실패가 정권의 실패로 이어진 사례들을 보아 왔다. 퇴직 공무원들이 관련 기업에 취업하는 '낙하산 인사'는 권위주의 정권에 대한 국민의 신뢰를 흔들어놓았다. 문민정부는 '인사가 만사'라고 주장했으면서 결국 인사에 실패해서 여론의 몰매를 맞았다. 김대중 대통령은 지역 주의를 타파한다면서 지연에 얽매여 비판을 받았다. 대통령의 아들들이 이권에 연루되어 모조리 구속되는 진풍경을 연출하기도 했다.

둘째, 공정한 인사를 한다며 수도 없이 많은 조직과 제도들을 신설했다. 공직자의 채용을 개방하고 정부투자기관의 기관장을 추천위원회에서 심사 추천했고 고위 공직자의 경우 인사 청문회를 실시했다. 동시에 중앙인사위원회, 공공기관장 추천위원회, 청와대 인사수석실 등 수많은 조직들을 만들었다. 그렇지만 참여정부의 인사정책은 낙제점을 받았다. 제도와 조직 전문가인 테리 모Terry Moe가 말한 인사정책의 2대 원칙 중 '능력talent에 대한 고려'는 실종되고 '충성도loyalty에 대한 고려'에만 의존하는 인사가 거듭됐다.

이로 인해 수많은 고위 공직자들이 인사 청문회를 전후해서 결격사유가 드러났다. 정부 및 정부투자기관과 관련기관들의 많은 요직이 여당 정치인이나 관련 공무원들로 채워졌다. 국민들과 언론의 비판에도 불구하고 이 같은 관행은 계속됐다. 그러다 보니 국민들은 참여 정부도 '보은 인사의 악순환'에 걸렸다고 수근댔다. '논공행상을 한다며 측근을 임명하면 그렇게 임명된 부적격자는 인사권자에 대한 답례로 부적절한 결정을 일삼아 여론을 악화시키고 고립감을 느낀 인사권자는 다시 믿을 수 있는 측근을 임명하는 현상'의 덫에 걸렸다는 것이다.

그럴 만도 하다. 노대통령은 수없이 많은 이렇다 할 경력이나 자질도 없는 측근들을 공기업 감사에 임명했다. 업무부담은 적고 봉급이 높아서 논공행상을 하는 데 최적이라는 이유에서이다. 위험한 발상이다. 감사는 상당한 전문성과 도덕성이 요구되는 자리이다. 기존 조직의 경영진이 잘해 나가면 되고 감사는 그냥 무임승차한다는 발상은 문제가 있다. 감사는 조직 내의 사고나 부정을 적발하는 데 그치지 않고 제도개혁을 통해서 사고나 부정의 예방까지 해야 한다. 그렇기에 최고경영자 이상으로 기업조직과 경영 내용에 정통해야 한다.

이 같은 난맥상이 계속되는 것을 막아야 한다. 이를 위해서는 임명 과정을 한층 더 엄격하게 하는 것도 중요하지만 이에 못지 않게 인사에 대한 사후 검증 시스템을 갖출 필요가 있다. 정부 및 정부 관련 조직의 고위 인사에 대한 철저한 '업적 평가' 시스템이 도입돼야 한다. 업적이 우수하면 연임이나 영전을 보장하는 대신 만약 현직에서 행한 경영 정책이나 조치가 해당조직에 피해를 입힌 것이 밝혀지고 이에 대한 민·형사 책임을 사후라도 지게 한다면 대통령이 고위직에 임명을 한다고 하더라도 선뜻 나설 수 없을 것이다.

민주화 이후 국정을 담당한 대통령 중 가장 낮은 지지율을 받은 대통령으로 역사에 기록될 노대통령. 지지율이 20% 대까지 떨어진 데에는 이전 정권들과 차별성을 찾을 수 없는 인사정책도 한 몫을 했다. 지지율을 높이고 싶다면 '잘못한 것이라곤 말실수 밖에 없다,' '나를 대통령으로 인정하지 않는 음해 세력이 있다' 며 억울해하기에 앞서 인사정책을 전면 재검토해야 한다. 잘못된 인사로 피해를 보는 것은 대통령 한 사람만이 아니라 우리 모두라는 사실을 잊어서는 안 된다.

5장

마음을 비운 리더십

POPULISM

한국은행에 따르면 2006년 1분기 실질 국민총소득이 전 분기에 비해 0.6% 감소해 1년 만에 마이너스로 돌아섰다. 1분기 성장률은 전 분기 대비 1.2%를 기록, 작년 4분기 1.6%에 비해 크게 꺾였다(표 6 참조). 이런 추세라면 정부가 공언했던 올해 5% 성장은 어려울 것이라는 것이 국내외 민간 경제연구소들의 진단이다. 그러나 5·31 지방선거 참패를 경험한 여당의 촉구에도 불구하고 청와대는 성장을 높일 수 있는 정책을 내놓지 않고 있다. 성장은 경제정책의 우선순위에서 뒷전에 놓여 있다.

왜 그럴까?

첫째, 독특한 시대 배경 때문이다. 정권의 핵심 인사들은 대부분 우리 경제가 고속 성장을 하던 시대에 자라났다. 이들은 민족 역사에서 처음으로 어린 시절에 보릿고개를 경험하지 않았다. 굶 주림은 남의 나라 이야기였다. 그 후 경제는 연평균 약 9%라는 경 이적인 성장을 계속했다. 대학만 졸업하면 직장을 골라가는 거의 완전 고용 상태가 계속됐다. 경제성장은 필사의 노력을 통해 얻어 지는 것이 아니라 당연히 주어지는 것이라고 믿을 만했다.

둘째, 좌파 정치경제학에는 성장이라는 개념이 없다. 1980년대 에 학생 운동을 하면서 거치기 마련인 이념 학습에서는 오로지 계 급 간의 '착취'가 있을 뿐이다. 제국주의론과 세계 체제론에 따르 면 우리나라와 같은 주변부 국가들 내에서 이뤄지는 경제 활동의 결과물은 이른바 매판자본과 제국주의자들이 긁어간다. 이들에 따르면 자본주의 체제에서의 경제성장은 결국 자본가들의 배만 불려주는 행위에 지나지 않는다.

그렇기에 정권 핵심 인사들은 성장을 대수롭게 여기지 않을 수 있다. 저성장에 대해 비판을 하면 쿠데타로 집권한 세력이 유포한 '성장 이데올로기'에 아직도 젖어 있느냐고 거꾸로 화를 낼 수도 있었다. 아무런 거리낌 없이 "세계 10대 경제 대국인 우리 경제 규모로는 지금의 경제성장률도 대단한 것"이라고 자화자찬을 할 수 있었다. 이는 대단히 유감스러운 일이다.

첫째, 대다수 국가들에서 성장은 아주 중요한 정치 이슈이다.

국가 경제에서 정부의 역할이 상대적으로 작은 영국과 미국 같은 나라들에서도 성장률과 고용, 물가 등 주요 경제지표가 발표되기 직전부터 정치권은 긴장한다. 지표가 기대에 못 미치면 야당은 지체 없이 여당을 공격하고 여당은 곧 개선할 것을 약속한다. 정치인들은 집권에 앞서 달성하고자 하는 국가 경제 비전을 제시하고, 이를 달성하지 못하면 표로 심판을 받는 정치문화가 뿌리 깊다.

둘째, 우리 경제는 도약과 추락의 갈림길에 서 있다. 정부 관계자들은 우리 경제 규모가 커져서 이제 고속 성장은 가능하지 않다고 주장한다. 과연 그럴까? 우리 경제 규모보다 약 10배 큰 미국은 지난 분기 5.3% 성장을 기록했다. 하이테크 산업과 지식 산업을 필두로 한 첨단 서비스 산업의 약진이 큰 힘이 됐다. 기존의 성장 이론으로는 쉽게 설명이 되지 않는 새로운 성장 패러다임이 만들어지고 있는 것이다. 한편 인도와 중국 등 후발 국가들은 가공할 속도로 우리를 추격하고 있다. 이들 국가에서 만들어진 내구 소비재들이 우리의 주요 수출 시장은 물론이고 내수 시장에서도 우리 제품들을 위협하기 시작하고 있다.

6·29 선언으로 민주화가 시작된 지 18년, 젊은 시절의 반권위주의 운동 경력이 정치인의 자질을 평가하는 유일한 잣대이던 시대는 이제 저물고 있다.

국민들은 민주적인 제도와 절차를 통해서도 권위주의 시대에

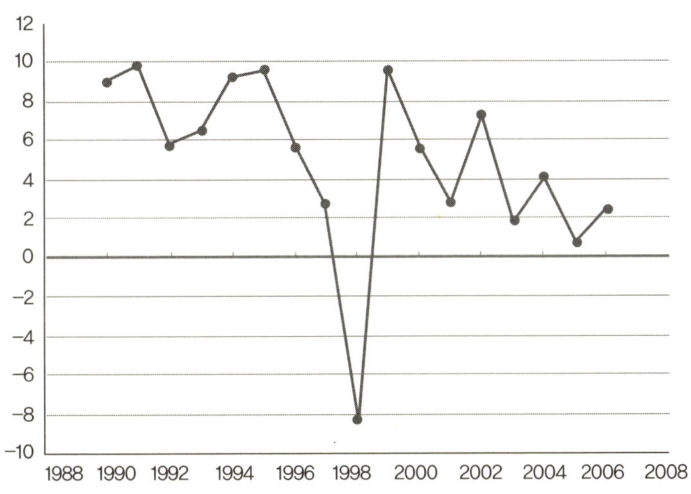

버금가는 성장을 이룩할 수 있는 리더의 탄생을 애타게 기다리고
있다. 다른 선진 민주주의 국가에서처럼 집권 전에는 정치인들이
서로 다른 성장의 비전과 방법론을 제시하고 토론하다가도 집권
뒤에는 비전을 현실화시키기 위해 불철주야 노력하는 모습을 보
고 싶다.

무한 책임의 리더십을 기대하며

미국의 39대 대통령 지미 카터Jimmy Carter의 추락은 책임 의식이야말로 대통령이 지녀야 할 가장 중요한 덕목 중 하나임을 보여준다. 1979년 6월, 카터는 대국민 연설을 준비한다. 원래 연설의 목적은 당시 전 세계를 강타한 오일 쇼크로 인한 에너지난을 타개하는 데 국민들의 동참을 호소하는 것이었다. 그러나 카터는 계획을 바꾼다. 지지율이 20% 대에서 오를 줄 모르자 연설을 통해 지지율을 반등시키고자 했다. 집권 3년을 회고하고 미국이 앞으로 나아갈 길을 제시해서 리더로서의 자질을 보여주고자 했다. 7월 15일에 행해진 연설의 결과는 정반대였다.

대통령 별장인 캠프 데이비드에서 한 달여에 걸쳐 참모들을 총

동원해서 만들어진 연설. 연설에는 언뜻 들으면 구구절절 옳은 내용들로 가득했다. 카터는 미국이 전대미문의 위기에 처해 있다고 진단했다. 국민들이 정부는 물론이고 종교 기관, 언론, 교육 기관 모두를 불신하고 있기 때문이라는 것이다. 불신의 이유는 케네디 대통령의 암살로 시작돼서 워터게이트로 최악에 이른 과거 30년간의 유산 때문이라고 지적했다. 정부가 이런 국민들의 불신감을 덜어주지 못한 이유는 정부가 특권층의 전유물로 전락했기 때문이라고 비판했다.

연설이 끝나자마자 여론은 격노했다. 이렇게 되도록 당신은 어디서 무얼 했느냐고 되물었다. 카터가 집권한 뒤 실업률은 악화되고 물가는 높아지는 등 경제난이 심화되고 소련은 중앙아시아 지역에서 도발의 징후를 보이는 등 안보 위기가 점증되었음에도 불구하고 남의 탓만 늘어놓는다고, 자신의 책임에 대해서는 한마디도 없이 이 탓, 저 탓만 하다가 국민 탓까지 한다고 분노했다. 그 결과 연설은 비판적 여론을 잠재우고 재선 가능성을 높이기는커녕 정권의 종언을 알리는 조종弔鐘이 되고 말았다. 그리고 대통령이라는 직책이 갖는 가장 큰 특성 중 하나를 웅변해 줬다.

대통령은 무한 책임을 져야 하는 직책이다.

어떤 의미에서 대통령은 무한정 책임 회피를 할 수 있다. 오늘날의 어려움은 과거 정권의 탓으로 돌릴 수 있다. 당면한 경제난,

안보 위기는 일단 눈가림만 해놓고 미래 세대에게 어려움을 전가할 수 있다. 집권 전에 늘어놓은 터무니없는 장밋빛 미래가 현실화되지 않은 이유는 모두 야당과 기득권층의 발목잡기 탓이라고 억지를 부릴 수 있다. 그러나 민주 국가의 국민들은 변명만 늘어놓는 대통령을 용납하지 않는다. 대통령 전용기, 대통령 관저, 특별 경호 등 엄청난 특권과 편의를 제공하는 대신 무한대로 책임을 질 것을 기대한다.

대통령은 앞선 정권들이 남기고 간 경제적, 외교적 어려움을 극복하고 국민들의 삶을 개선시켜 주기를 요구한다. 일단 집권을 하면 선거 패배의 상처가 남아 있는 야당을 구슬리고 비판적인 여론을 다독거려 정책 파트너로 동참시킬 수 있어야 한다. 이룰 수 없는 허무맹랑한 목표를 달성하기 위해서 아들과 딸, 손녀와 손자의 등에 짐을 짊어 지워서는 안 된다. 임기 내에 실현 가능한 공약을 제시하고 공약을 실현하기 위해 스스로를 희생하는 모습을 보이며 이를 실천해 내기를 요구한다. 남의 애기일 수만은 없다.

민주화 이후 우리나라에는 이제까지 무한 책임이 아니라 무한 무책임의 대통령만 있어온 듯 보인다. 국민의 마음에 울림을 주는 "내 탓이요"의 정치보다는 "네 탓이요"의 정치, 책임 회피의 정치만 난무했다. 상대당의 탓, 전정권의 탓, 외국의 음모 탓, 언론 탓, 급기야는 대통령의 앞선 의식 수준을 따르지 못하는 국민의 탓까

지 하는 대통령들을 보며 그들을 찍었던 것을 후회해 왔다. 민주
화가 과연 옳은 것이었는지를 되묻는 이들까지 나오는 지경에 이
르렀다. 물론 실망하기엔 이르다. 연말이면 또 한 번 대통령을 뽑
게 된다. 이제는 자신의 모자란 점을 반성하고 국민들의 목소리를
경청하는 대통령을 맞이할 수 있기를 고대해 본다. 능력과 비전
못지않게 책임의식에 충실한 대통령의 등장을 기다린다.

영국의 명문 이튼이 낳은 걸출한 문필가인 조지 오웰George Orwell; Eric A. Blair. 그의 『동물농장』은 새로운 특권층의 등장에 대한 민초들의 배신감을 적나라하게 그리고 있다. 농장의 동물들은 농장 주인만 쫓아내면 모두가 평등한 새로운 세상이 열릴 줄 알았다. 착각이었다. 항거의 선봉장들은 권력을 잡기가 무섭게 특권층으로 변신했던 것이다. 민주화 운동의 핵심이라 자처하는 386 운동권이 정권을 잡은 지 3년이 지난 지금, 국민들은 『동물농장』의 동물이 된 듯한 서글픈 마음을 금할 수 없다.

2002년 대선은 오만과 자만에 빠져 자신들을 왕권 시대의 귀족쯤으로 여기고 국민들을 미천한 농노 정도로 취급한 세력에 대한 젊은 층을 중심으로 한 국민들의 준엄한 심판이었다. 자신들은 타고난 리더라고 자임했지만 국민의 기대 수준에는 한참 못 미쳤던 정치가들에 대한 엄중한 경고였다. 권위를 억지로 강요하기보다는 자발적으로 권위를 인정하게 만드는, 국민 위에서 군림하기보다는 국민을 섬기는 새로운 유형의 리더가 나타나주기를 바라는 기대의 표출이었다.

결과는 실망 그 자체였다. 우리는 새로운 특권층의 등장을 지켜봐야만 했다. 권위주의를 청산한다는 정치 세력이 군사 독재 시대 못지않게 화려한 의전과 형식에 집착했다. 국군 장병들이 수명 주기를 훨씬 지난 전투기와 함정에 몸을 맡기는 것은 개의치 않는 정부가 대통령 전용 헬기와 전용기 사업을 밀어붙였다. 법이 정한 기체 수명을 넘겼을 뿐 아니라 동북아 중심국 지도자의 품격에 어울리지 않게 너무 소형이라는 것이다. 새롭게 대통령 전용차로 선정된 차량은 과거 빈민 운동, 노동 운동을 하던 이들이 특권층의 부패와 특권의 상징으로 비판하던 바로 그 독일제 자동차였다.

대통령실의 규모도 크게 늘었다. 14일 국회 운영위원회가 펴낸 〈2006년 대통령실 예산안 검토 보고서〉 등에 따르면 2003년 대통령비서실 예산은 463억6300만 원이었으나 2006년 예산안에는 32.6% 증가한 614억6800만 원이 편성됐다. '국정평가 및 홍보비'는 내년 예산안에는 32억7200만 원이 반영돼 2003년 기준으로

53.9%가 늘어났다. 대통령 지지도가 20% 대에 머무는 이유는 제대로 된 홍보가 부족했기 때문이라고 여긴 듯하다. 인건비는 2005년 177억1000만 원에서 내년에는 246억5300만 원으로 39.2% 늘어났다. 참여 정부 이후 비서실 조직 개편으로 정규 직원이 95명이나 증가했기 때문이다.

국회의원들의 세비 또한 큰 폭으로 늘었다. 2005년 국회의원 세비는 지난해에 비해 2.4% 오른 376만5000원으로 책정됐다. 큰 금액이 아니라고 할지 모른다. 그러나 의원들은 세비 이외에 국민의 세금으로 유형, 무형의 각종 지원금을 받고 있다. 사무실 운영비와 차량유지비, 보좌진 급여 등을 포함할 경우 국회의원 한 사람에게 투입되는 국민 혈세는 연간 2억2153만 원에 이른다. 이것도 모자라 최근 정부는 100억 원의 예산을 책정해서 일종의 연구비를 별도로 지급하는 방안을 검토 중이다. 권위주의 정권 시대에도 민주와 반민주, 호남과 영남을 떠나 유일하게 만장일치로 통과되곤 했던 세비 인상. "이 땅에 민주주의의 시대를 열어젖힌 주역"들이 의사당에 입성한 뒤에도 달라진 모습을 찾기 힘들다. 한국 민주주의 호에 승선한 국민들은 가식적인 따뜻함이 아니라 참된 따뜻함을 지닌 지도자의 등장에 목마르다.

자신의 봉급을 떼어내 사회의 약자들을 도와 기부 문화에 불을 지피는 리더, 아무리 중요한 일정이 있더라도 자연 재해와 참변이 있을 때는 슬픔에 찬 유족과 희생자들을 위로할 줄 아는 리더를 기다린다. 미래의 한국을 이끌어갈 지도자는 특권층으로 변해 버린 운동 세력에 대한 배신감으로 멍든 국민들의 마음을 보듬어줄 수 있어야 한다. 미국의 저명한 칼럼니스트 조지 윌Geroge Will은 '정치는 정치 지도자가 국민들의 영혼을 빚어내는 예술Statecraft is soulcraft'이라고 했다. 자신을 낮추고 국민을 섬기는 지도자의 모범을 따라 모든 국민들이 서로서로를 섬기는 사회가 오는 그날, 격류 속에 표류 중인 한국 민주주의호는 약속의 대지를 향한 벅찬 항해를 다시 시작할 것이다.

CEO 출신 대선 후보에게 거는 기대

2007년 12월에 있을 대통령 선거는 우리 정치사에 길이 남을 선거가 될 것이다. 역사상 처음으로 CEO가 제1야당과 집권 세력을 대표할 가능성이 높다. 기업인들이 대권에 도전한 것은 이번이 처음은 아니다. 1992년 선거에는 정주영 현대 그룹 회장과 김우중 대우 그룹 회장이 청와대 입성을 노렸다. 2002년에는 정몽준 현대 중공업 회장이 출마했다. 그러나 이들은 기업의 CEO가 아니라 오너였고, 기성 정당의 대선 후보가 되지도 못했다. 12월 대선은 다르다.

지난 8월 20일, 한나라당은 이명박 전 현대 건설 CEO를 대통령 후보로 선출했다. 범여권에서는 문국현 유한 킴벌리 전 사장이 후보로 출마했다. 이명박 후보는 대기업인 현대건설 사장과 서울특별시장을 역임해서 여러 가지 실적을 쌓아왔다. 문국현 후보 역시 환란 위기 속에서 역경에 처한 유한 킴벌리 한국 지사를 살려낸 경험이 있다. CEO 정치인들이 이처럼 각광을 받는 이유는 두 가지이다.

무엇보다 "적어도 이들은 민생 경제를 챙겨줄 것"이라는 기대 때문이다. 민주화 이래, 전업 정치인들은 예외 없이 민생 문제를 뒷전으로 미뤘다. 김영삼 대통령은 헤아릴 수 없이 많은 개혁 드라이브를 걸다가 IMF 위기를 초래했다. 남북 정상회담 뒤, 김대중 대통령의 주관심사는 경제보다는 남북 관계였다. 노무현 대통령도 다르지 않았다. 과거사 정리와 언론과의 전쟁 등을 민생 문제 해결보다 우선순위에 놓았다. 그러나 전문 경영인들은 다를 것이라는 것이 국민들의 희망이다.

이와 함께 CEO들만의 자질을 중시하기 때문이다. 다음 대통령이 갖춰주길 바라는 CEO의 자질은 세 가지이다. 첫째, 비전을 제시할 수 있어야 한다. CEO는 미사여구만을 늘어놓을 수 없다. 자신의 임기 안에 실현될 수 없는 목표를 나열하는 것 역시 금물이다. 비전은 현실적이되 자포자기적이지 않아야 한다. 미래지향적이되 공허하지 않아야 한다. 기업의 미래뿐 아니라 수많은 기업 구성원들의 생계를 좌우하는 것이 비전이기 때문이다.

둘째, 비전을 실현시킬 수 있는 능력이 있어야 한다. CEO는 정책 목표를 분명히 하고 이를 신속하게 달성할 수 있어야 한다. 상충하는 이익과 주장을 갖고 있는 수많은 기업 구성원들을 설득하고 독려하는 능력도 중요하다. 무엇보다 빼어난 재능을 가진 인재를 찾아내어 적재적소에 배치할 수 있는 용인술을 갖춰야 한다. 이 같은 능력은 데이비드 거겐 하버드 대학 교수가 밝힌 바와 같이 성공적인 대통령이 가져야 하는 능력이기도 하다.

셋째, 책임의식이 있어야 한다. 전문경영인은 무한책임이 따르는 자리다. CEO는 변명을 할 수 없다. 매 분기 자신이 설정한 목표를 달성하지 못했을 때 이에 대한 책임을 추궁당한다. 잘못은 전임자나 부하가 저질렀다고 하더라도 최종적인 책임은 CEO의 몫이다. 국민들은 대통령에게도 CEO와 같은 겸허함과 책임의식을 가져줄 것을 바란다. 여론에 귀를 기울여 뚜렷한 국정 운영 목표를 설정하고, 일단 설정된 목표를 달성하는 데 매진하기를 기대한다.

물론 전문경영인이 반드시 성공적인 정치인이 되는 것은 아니다. 미국의 31대 대통령인 허버트 후버의 경우와 같이 빼어난 CEO도 실패를 거두곤 한다. 그렇기에 여야 CEO 대선 후보들의 어깨가 무겁다. 차기 대통령은 무력감에 빠진 우리 경제를 재도약하도록 만들어야 한다. 국민들의 기대를 저버리지 말아야 한다.

국민들을 실망시킬 경우 이는 대통령 개인의 불행뿐 아니라 나라 전체의 불행으로 이어질 수 있다. 기업과 기업인들에 대한 부정적인 이미지를 더 악화시킬 수 있다. 이번 대선을 결코 가볍게 볼 수 없는 이유가 이것이다.

1997년 영국 왕실은 다이애나 왕세자비의 사망과 함께 뜻밖의 위기에 처했다. 누구보다도 여왕을 아끼고 사랑하던 국민들이 일제히 등을 돌렸다. 그의 처신이 못마땅하다는 이유였다.

다이애나 왕세자비가 교통사고로 목숨을 잃었건만 엘리자베스 2세는 왕실의 이름으로 조의를 표하기를 거부했다. 1952년 왕위에 오른 뒤 반세기가 넘게 국민들과 동고동락을 함께 한 자신이야말로 누구보다도 영국 국민들을 잘 이해한다면서, 조의를 표하고 말고를 결정하는 것은 왕실 고유의 권한이라고 주장했다. 여왕의 고집이 계속될수록 여론은 악화됐다. 드디어 신임 블레어 총리의 제안을 받아들여 조의를 표한다고 하자 언론은 여왕이 총리에게 무릎을 꿇었다고 비아냥거렸다.

지난해 유럽과 미국에서 커다란 화제를 모은 영국 스테판 프리어스Stephan Frears 감독의 영화 '여왕The Queen'의 이야기다. 이 영화는 왠지 남의 나라 이야기 같지 않게 느껴진다.

임기중에 느닷없이 개헌안을 내놓은 노무현 대통령은 하늘이 두 쪽이 나더라도 이를 관철시키려고 하였다. 그러나 임기가 채 1년도 남지 않았고 여당은 반으로 쪼개지고 야당이 제1당이 된 상황에서 개헌안은 국회에 제출조차 하지 못했다. 국회 재적의원 3분의 2의 동의를 얻더라도 국민투표에서 다수표를 얻을 가능성은 낮다. 각종 여론 조사가 보여주고 있듯이 60% 이상의 국민들은 중임제 개헌은 현정부 임기 중에 처리해야 할 사안이 아니라고 보기 때문이다.

임기동안 노 대통령의 고집은 마치 엘리자베스 2세의 고집을 연상시킨다. 안타까운 일이다. 법률 공부를 한 그 자신은 헌법을 따를 뿐이라고 여기는지 모른다. 분명 개헌 제청은 헌법에 명기돼 있는 대통령 권한의 하나이다. 그러나 현실 정치에서 작동하는 권력은 그렇지 않다.

권력은 얼핏 보면 쉽게 이해가 가지 않는, 때로는 자가당착적인 메커니즘에 따라 움직이는 살아 있는 생명체이다. 대통령의 권력은 잃을수록 커진다. 지금은 고인이 된 하버드대학 교수 리처드 뉴스타트가 언급했듯이 대통령의 권력은 설득의 힘이다. 대통령이 자신의 의사를 관철시키기 위해서는 먼저 남을 이해하고 스스로를 굽혀야 한다는 것이다. 무엇보다 자신의 측근들을 설득할 수 있어야 한다. 아울러 워싱터니언Washingtonian이라고 불리는 엘리트들을 설득해야 한다.

그러나 가장 중요한 설득의 대상은 바로 국민들이다. 엘리트들은 국민의 여론을 형성하기도 하지만 많은 경우 여론에 따라 자신들의 입장을 바꾸기도 하기 때문이다.

엘리자베스 2세는 이같이 평범하지만 실천에 옮기기는 쉽지 않은 권력에 대한 상식을 뒤늦게나마 받아들였다. 여왕은 런던으로 내려가 죽은 왕세자비를 위해 전례가 없이 국장을 치러주었다. 그러자 한때 꽁꽁 얼어붙어 있던 국민들의 여왕에 대한 마음이 눈 녹듯이 녹아 내렸다. 영국 왕실의 위기가 극복되었다.

과연 우리 대통령은 엘리자베스 여왕의 지혜를 배울 수 있을까? 고집과 아집으로 일관하기엔 5년 임기는 너무나 짧기만 하다. 자폐증이라도 걸린 듯 국민과 소통을 스스로 차단해 버린 대통령은 대통령 개인의 불행이기도 하려니와 국민 전체의 불행이기도 하다. 지금 우리에게는 대통령 이하 국민 모두가 총의를 모아 챙겨야 할 엄청난 과제들이 산적해 있기 때문이다. 국민이 뽑아준 대통령이기에 대통령은 국민의 여론에 승복할 줄도 알아야 하기 때문이다.

노 대통령은 영화광으로 알려져 있다. 바쁜 국정 일정에도 부인과 함께 영화를 챙겨 본다고 한다. 그렇다면 다른 영화는 몰라도 이 영국 영화를 봐야 할 것이다. 내려놓음으로써 더욱 커지는 대통령 권력의 속성과 국민의 사랑을 뒤늦게나마 깨달을 수 있을 것이다.

영국 하원에서 고든 브라운Gordon Brown 재무부 장관이 행한 2007년도 예산안 보고는 우리에게 많은 것을 시사점해 준다. 이 연설에서 브라운은 지난 10년 동안 집권 노동당이 이룩한 놀라운 업적을 열거했다. 영국 경제는 1997년에서 2006년 사이 눈부신 발전을 이룩했다.

G7 국가(서방선진 7개국) 중 최하위에 머물렀던 1인당 국민소득은 2006년 현재 미국에 이어 2위를 달리고 있다. 2만2849달러였던 국민소득이 3만6850달러로 껑충 뛴 것이다. 경제성장률도 마찬가지이다.

G7 국가 중 꼴찌였던 경제성장률은 독일 프랑스 일본과 미국을

제치고 1위에 올랐다. 이러한 영국의 성장은 민간 부문의 눈부신 활약 덕택이었다. 기업 투자는 1997년 이래 48%나 늘었으며 국가 채무는 10년 전 국민총생산액의 44%에서 38%대로 낮아졌다.

한때 IMF 위기를 겪기도 했던 영국 경제가 세계에서 가장 오랜 역사와 전통을 자랑하는 좌파 정당 중 하나인 노동당 정권 아래에서 환골탈태를 한 것이다.

이른바 진보 세력, 민주화 운동 세력이 정권을 잡았던 지난 10년, 우리 경제는 어떠했는가?

1965년 이후 30년 동안 연평균 8.7%라는 가파른 성장률을 기록했던 우리 경제. 1997년의 외환위기 이후 짧은 순간이나마 과거의 영광을 재현하는 듯했지만 2000년대에 접어들면서 깊은 침체의 늪에 빠졌다. 매년 3% 내지 4%의 성장률로 잠재성장률인 5%에도 못 미치는 실적을 남겼다. 2006년 경제성장률은 당초 예상대로 5%에 달했지만 2007년은 한국은행이 4.5%로 전망하고 있다.

더욱 걱정이 되는 것은 미래 역시 그다지 밝아 보이지 않는다는 사실이다. 두 가지 이유에서이다. 첫째, 해외 직접 투자가 급감하고 있는 가운데 우리 기업들 역시 설비 투자를 꺼리고 있다. 1990년대 중반만 하더라도 OECD 회원국 중 최고 수준이었던 국내총생산 대비 설비투자율이 1990년대 후반부터는 OECD 회원국 평균 수준 아래로 떨어졌다. 2000년대 들어서는 한때 1%대로 추락하기도 했다. 다른 나라들은 설비 투자를 늘리는 데 비해 우리는 역주행을 하고 있는 셈이다.

국가 재정도 악화일로에 있다. 1997년 외환위기를 극복한다는 명목으로 시작된 국가 채무의 증가 추세는 참여정부 들어 가속화 됐다. 2002년 말 133조 원 대였던 채무는 2006년 말에는 280조 원 대에 이르게 됐다. 2002년, GDP를 기준으로 19%에 머물렀던 국 가 채무가 순식간에 30% 대에 이르게 된 것이다. 두 나라의 경제 가 이같이 판이한 상황에 처하게 된 이유는 간단하다. 영국과 우 리나라의 좌파 정권은 큰 차이가 있었다. 영국 노동당은 경제를 국정 운영의 최우선에 놓았다. 해마다 목표치를 설정하고 이를 달 성하기 위해 피땀 어린 노력을 경주했다.

관성적인 좌파 정책과 철두철미하게 단절했다. 창당 이래 떠받 들어온, "모든 산업체의 국유화를 추구한다"는 당 규정을 폐기했 을 뿐 아니라 중앙은행을 독립시켰다. 국영 산업체를 민영화하고 파격적인 규제 혁파를 단행하는 동시에 법인세를 인하하는 등 친 성장 친기업 정책을 잇달아 내놓았다.

우리는 달랐다. 성장의 중요성을 말하면 개발 독재 시대의 사고 방식에 젖어 있다며 조롱을 했다. 서구 사회에서 폐기된 지 오래 인 논리와 이론을 들이밀며 친성장 정책을 게을리 하고 규제 개혁 을 미뤘다. 세금을 더 걷어서라도 정부가 나서면 경제 문제를 모두 해결할 수 있다는 고정관념에서 헤어 나오지 못했다. 더 이상은 곤란하다. 이제는 바뀔 때이다. 보수 진영의 변화가 절실한 것 이상으로 진보 진영의 반성이 필요하다. 영국 노동당에 버금가는 자기 개혁이야말로 진보 진영이 살고 우리 경제가 사는 길이다. 이것이 영국 좌파 정권에서 우리가 배워야 하는 교훈이다.

나 몰라라 정치인은 그만

헌법이 제정된 이래 처음 시도된 2004년의 대통령의 탄핵은 두 가지 의미를 지닌다. 우선 탄핵은 정치적 대역전극의 절정이었다. 창당 당시 지지율이 20%에도 못 미치던 열린우리당은 탄핵안 통과를 기점으로 부동층의 지지까지 받았다. 우리당은 여론 조사 기준으로 지지율 제1당으로 부상했다.

또 탄핵은 우리 민주주의의 견고성을 확인할 수 있는 기회였다. 헌정사상 초유의 사태 속에서 십수만이 거리로 쏟아져 나왔지만 방화 폭력 등 혼란은 어디에서도 보이지 않았다.

군의 정치 개입도 없었다. 1961년과 1979년은 반복되지 않았다. 권력공백도 일어나지 않았다. 이렇듯 안정 속의 정치실험, 질서 속의 정치격변이 가능했던 데에는 절대 다수의 안정희구계층이 있기 때문이다. 그렇다면 안정희구계층은 누구인가?

소득 기준으로는 빈곤층과 부유층 사이의 중간계층을 포괄한다. 이들은 더 이상 잃을 것이 없는 절대 빈곤층이 아니다. 쌓아놓은 부를 주체할 수 없을 정도의 절대 부유층도 아니다. 사회를 차라리 뒤집어보자는 식의 심리를 경계하고 어떻게 되든 나와는 상관없다는 식의 무신경을 두려워한다. 이들은 우리의 경제·사회 시스템에 대한 희망과 기대를 갖고 있다. 시스템 안에서 경제적 부와 가족의 행복이 증진될 수 있다는 믿음을 함께 한다. 따라서 시스템의 불안정과 붕괴 가능성을 경계한다. 이런 점에서 대통령 탄핵정국은 세 가지 역설을 내포한다고 볼 수 있다.

첫째, 변화를 추구한다고 자임하는 정치 세력이 안정을 바라는 계층의 지지에 의존했다. 열린우리당이 지지율 기준으로 제1당이 되기까지는 점진적 변화와 안정을 원하는 시민들의 역할이 절대적이었다. 신세대와는 거리가 먼 40대가 손을 들어줬다. 적지 않은 수의 50대 이상 시민들도 야당들로부터 등을 돌렸다. 야당의 탄핵은 더 큰 불안정을 가져올 것으로 비쳐졌기 때문이다. 야당은 소속의원들의 표 관리에는 성공했을지언정 국민들에게 표결 이후 안정적 국정운영의 비전을 제시하지 못했다.

둘째, 민주화 세력을 자임하는 정치 세력이 권위주의 시대의 유산에 의존했다. 안정희구 계층은 권위주의 정권기에 태동했다. 이들은 헌신적인 노력으로 지구상 최빈곤국가가 중진국의 대열에 올라서는 기적을 이뤄내도록 한 주인공이다. 동시에 이들은 경제발전의 도상에서 시스템 내에서의 자기실현의 가능성에 대한 믿음을 싹틔웠다. 근본적인 끼니 걱정을 면했고 꿈이었던 내구성 소비재를 구입하면서 생활의 질이 나아지는 것을 느꼈다. 이들은 우리 경제·사회를 불투명성 속으로 몰고 가려는 징후에 가장 민감하게 반응한다. 재신임 정국이나 탄핵 정국 모두 이 같은 감성을 이해한 측과 이해하지 못한 측의 충돌이었고 승리는 민감한 감성을 지닌 쪽이 모두 가져갔다.

셋째, 가장 큰 정치적 수혜자가 안정희구계층을 외면하고 있다. 중산층이라는 안정희구계층의 숫자는 감소 일변도이다. 절대빈곤층 숫자가 늘며 결손가정의 수도 증가했다. 교육은 좌절을 확대재생산했다. 공교육의 질이 형편없이 떨어져 누가 더 많은 사교육비를 대느냐에 따라 성적이 좌우되게 됐다. 경기부양과 실업난 해소란 이름으로 시행되는 정책들은 안정희구계층의 상식을 위협했다. 각종 구제책과 수혜정책은 노력한 만큼 대가를 받고 쓴 만큼 갚아온 이들을 허탈하게 했다. 탄핵 이후 제시된 어떤 정책에서도 이런 추세를 되돌릴 비전을 찾기 어렵다. 시스템에 대한 신뢰를 키울 로드맵은 어디서도 보기 어렵다.

그렇다면 여당으로서는 대통령 선거와 총선 이후 경계해야 할 일은 자명하다. 우리 민주주의의 미래를 위해 할 일은 정치적 보복이 아니다. 정치 경제 사회 체제안정을 기원하는 계층을 실망시키지 말아야 한다. 이들의 숫자를 줄이는 뺄셈정책을 멀리하고 늘리는 덧셈정책을 입안, 집행해야 한다. 꺼져가는 성장엔진에 불을 지피고 급속하게 녹슬어가는 자기실현의 메커니즘에 기름칠을 해야 한다. 큰 빚을 져놓고도 나 몰라라 하는 정치적 신용불량자가 되어선 곤란하다.

이 시대에 바란다

복지정책으로 인기를 끌지 말라

최근에 사회 안전망을 강화하는 복지정책을 추진하겠다는 정부 관계자들의 발언이 계속 나오고 있다. 복지를 늘린다는 데 이견이 있다면 이상한 일이다. 그런데 반갑지만은 않다. 서민을 위한다는 복지정책이 오히려 문제를 일으킬 수 있다. 복지정책의 역설은 세 가지 요인이 맞물려서 일어난다.

첫째, 정치가들의 정략적 사고이다. 복지정책은 지역개발 공약만큼이나 인기 있는 공약이다. 사회적 약자를 외면해서는 안 된다는 주장에 이의를 제기하기란 어렵다. 만일을 위한 사회 안전망을 만들어주겠다는 약속을 싫어할 유권자는 있을 수 없다. 문제는 정치가들이 이 같은 유권자들의 정서를 악용해서 국민들의 요구와는 상관없이 정치적인 필요에 의해 경쟁적으로 새로운 복지정책을 만들어낸다는 점이다.

둘째, 이로 인한 재정난이다. 경제가 고속 성장을 한다면 복지정책의 확대는 큰 문제가 아니다. 그러나 경제가 침체에 빠져 있다면 이야기는 달라진다. 조세수입이 줄어들어 대규모 복지 서비스를 제공할 재원이 없기 때문이다. 또 국가 채무가 높은 상태일 때는 재정 수요를 국채 발행을 통해 메울 수 없다. 결국 세금을 신설하거나 기존 세금의 세율을 높이는 수밖에 없다.

셋째, 글로벌화된 경제구조이다. 치열한 국제 경쟁의 시대에 기업체들이나 혼자서 수만 명을 먹여 살리는 고급 두뇌들에게 애국심을 기대하기 어렵다. 세율을 높이거나 조세를 신설할 경우 고용주체인 기업들과 고급 두뇌들은 더 나은 투자 환경과 삶의 질을 찾아 다른 나라로 떠나게 된다. 이들이 떠나면 실업난은 더욱 악화되게 마련이다. 그리고 복지정책의 신세를 져야 할 대상이 전보다 크게 늘어난다. 이들의 환심을 사기 위한 정치가들의 경쟁이 다시 시작되고 악순환이 발생한다.

복지정책의 패러독스는 이미 현실로 나타나고 있다.

첫째, 사회 복지비용이 급격하게 늘고 있다. 정부가 책정한 2006년도 사회복지 재정지출 규모는 54조 원으로, 국정의 11개 분야 재정 지출 중 가장 규모가 크다. 또 중장기 재정지출 계획에서 사회복지비는 급속하게 늘어났다.(표 7 참조) 정부는 8% 선에 머물러 있는 GDP 대비 사회복지 예산 비율을 선진국 수준인 22%로 끌어올려야 한다고 주장한다. 그러나 2007년 대통령 선거를 전후해서 정당들 사이에 유권자에 대한 인기 경쟁이 가열되면 복지정책의 규모와 이에 따른 재정 지출 규모는 이보다 훨씬 늘어날 것으로 예상된다.

둘째, 재정이 악화되면서 세금 인상 및 신설 움직임이 가시화되고 있다. 2005년 10월 말 현재 세수 부족액은 2004년 4조 원에서 2005년은 4조6000억 원으로 예상된다. 국가 부채 역시 참여정부 들어 눈덩이처럼 늘었다. 재정 경제부 발표에 따르면 국가 채무는 2005년 말 250조 원에 이르러 GDP 대비 30% 선을 넘었다.(표 8 참조) 이렇게 되자 재정 악화를 우려한 세금인상론이 계속 터져 나오고 있다. 부동산 종합보유 과세와 같은 세금이 신설되었고 소주세와 같은 세율 인상안 역시 수면 위로 떠올랐다. 일부에서는 부가가치세율을 대폭 높이고, 건강 · 연금 · 고용 · 산재 보험료도 지금보다 높여야 한다고 주장하는 의견도 있다.

이대로라면 복지정책이 투자 환경을 악화시켜 고용 위축을 불러오고 이로 인해 실업난을 가중시켜 새로운 복지 수요를 낳는 악순환이 현실이 될 가능성을 배제할 수 없다. 경쟁국가보다 비조세 투자 유인 환경이 뛰어나지 않은 우리의 현실에서 세율 인상 또는

표 7 _ 2007~2011 사회 복지 분야 재원 배분 계획

구분	2007년	2008년	2009년	2010년	2011년	연평균증가율
사회복지/ 보건(조원,%)	61.4	67.5	74.7	81.9	88.9	9.7

자료 : 기획예산처

표 8 _ 2003~2007 국가 채무 추이

구분	2003년	2004년	2005년	2006년	2007년
국가채무(조원)	165.7	203.1	248	279.9	298.5
대 GDP 비율(%)	22.9	26.1	30.7	31.9	31.7

자료 : 재정경제부

세제 신설의 파급 효과는 더욱 클 수밖에 없다. 그렇기에 지나치게 서두르는 듯한 정부의 복지정책 입안은 우려를 자아낸다. 정책을 집행하기 전에 정책이 가져올 수 있는 부정적 영향을 충분히 고려해야 한다. 인기를 노리는 정치놀음에 국민 경제가 희생양이 되는 일은 피해야 한다. 최선의 복지는 기업을 늘리고 고용을 창출해서 실업자를 없애는 일이다.

복지정책의 역설을 막으려면

우리나라와 같이 개방된 경제는 복지정책의 입안과 집행에 있어 과감한 사고의 변화를 요구한다. 복지예산재원을 세금 인상을 통해 늘릴 경우에는 기업의 투자 환경이 악화돼 실업난이 가중되는 역설적인 결과를 불러올 수 있다. 복지정책의 패러독스에 빠지지 않으면서 사회 안전망을 질적 양적으로 늘릴 수 있는 길은 세 가지를 들 수 있다.

첫째, 기업과 종교 단체들이 복지 서비스 제공의 주체가 되도록 해야 한다. 많은 종교 단체에서 이미 각종 육아, 보육, 급식, 양로시설 등을 운영하고 있다. 기업들 역시 자선 사업에 종사하고 있는 경우가 많다. 정부는 이 같은 활동이 더욱 활성화될 수 있게 도와줘야 한다. 면세 혜택을 제공해 주는 것 외에도 다양한 형식으로 보조금을 지급해야 한다. 정부는 복지정책의 일선에서 물러나 보조금의 오·남용을 감독하고 복지 수요를 조사해 주는 보조자의 역할을 맡아야 한다.

둘째, 새로운 복지정책을 내놓기에 앞서 기존 정책들을 내실 있게 운영해야 한다. 복지 수혜자의 설정에 주의를 기해야 한다. 수혜자들로부터 노동 의욕을 앗아가는 부작용도 없애야 한다. 이를 위해서는 복지정책을 연소자와 노령자, 장애자들과 같이 경제 활동에 직접 참여하기 어려운 이들에게 집중하는 방향으로 재조정해야 한다. 노동을 할 수 있는 실업자들의 경우 직업 교육 기회를 제공해 노동 시장 참여를 적극적으로 유도해야 한다.

셋째, 정부의 허리띠를 졸라매야 한다. 가장 바람직하게는 정부의 몸집을 줄여 과다한 재정 지출 요인을 구조적으로 제거해야 한다. 보조금 재원을 마련하기 위한 세율 인상 또는 세금 신설 압박을 없애자는 것이다. 군과 경찰, 소방 공무원 등 국민 생활에 직결되는 일선 공무원의 수는 안정적으로 유지할 필요가 있다. 그러나 고위직 공무원의 수를 최소화하고 자문위원회의 난립을 막아야 한다. 나아가 민간이 할 수 있는 업무들은 아웃소싱하는 지혜가 요구된다. 물론 한결같이 달성하기 어려운 과제들이다.

우리의 현실과는 동떨어져 있다. 과거사 청산에서 환경 문제에 이르기까지 수많은 국정 현안에 시민 단체의 참여를 장려해 온 참여정부는 2003년 한 해 동안 무려 411억여 원을 시민 단체에 준 것으로 집계됐다. 이 중에는 정치성을 띤 단체도 다수 포함돼 있었다는 주장이 제기돼 논란이 일었다.

그러나 복지 분야에서 비정부 단체들의 참여를 권장하고 있다는 소식은 듣기 어렵다. 현 정부는 정부 크기를 줄이기는커녕 오히려 차관급 이상 고위 공무원 수를 늘렸다. 2005년 1월 현재 장·차관급 정원이 106명에서 119명으로 12.3%나 늘었다. 효율성이 의심되는 대통령 직속 위원회들 역시 무려 14개가 늘었다. 위원회 예산이 증가하는 속도는 더욱 빨라 올해의 경우 지난해에 비해 3배 많은 2600여억 원에 이르렀다. 기존 복지정책의 효율성을 증대하는 노력 역시 기대에 못 미친다.

보건복지부가 기초생활보장의 혜택을 받는 사람의 재산 상태를 조사해 보니 5000만 원 이상의 금융자산을 가진 사람이 1296명이나 되는 것으로 밝혀졌다. 이 중엔 1억 원 이상의 금융자산을 가진 부자도 234명이나 끼어 있었다. 복지 행정을 도맡아 수행할 일선 공무원들도 충분히 확보하지 못한 채 예산을 집행한 까닭이다.

이대로는 곤란하다. 무책임한 정부 주도의 복지정책은 약이 아니라 장기적으로 해독이 될 수 있음을 명심해야 한다. 글로벌 경제 시대에 걸맞은 복지정책의 새로운 패러다임의 마련을 위한 범

국가적인 논의가 시급하다. 가장 중요한 복지는 고용이다. 고용을
늘리면서 복지 서비스도 늘릴 수 있는 길을 모색하기 위한 노력이
아쉽다.

작은 정부, 힘들지만 가야 할 길

불행 중 다행일까? 국채가 급증하고 방만한 예산 운영이 계속되자 작은 정부의 필요성에 대한 사회적 공감대가 확산되고 있다. 그러나 작은 정부로 가는 길은 멀고도 험해 보이기만 한다. 왜 이토록 힘든 것일까?

세 가지 이유가 있다.

첫째, 관료들의 반대를 꺾기 어렵다. 정부의 크기가 작아진다는 것은 곧 관료들의 승진 기회가 줄어들거나 그동안 행사하던 영향력을 잃게 된다는 것을 뜻한다. 최악의 경우는 직장을 잃을 수도 있다. 그렇기에 관료들이 정부 크기 줄이기를 반대하는 것은 당연하기까지하다. 반대에 실패하더라도 정부 기구 축소가 추구하고

자 하는 목표를 달성하기 어렵게 만든다. 정부 기구 재편에 주도
권을 쥔 부처가 자기 부처의 규모 축소를 최소화하면서 다른 부처
의 규모를 축소하려 들기 때문이다. 총량적으로는 크기가 줄어들
어도 효과 면에서는 대동소이한 상황이 벌어질 수 있다.

둘째, 국민들이 이중적인 태도를 보인다. 정부 크기가 줄어야
한다는 원론에는 찬성한다. 정부 크기 줄이기는 곧 세금 줄이기라
는 논리에 대한 공감대가 클수록 원론에 대한 찬성을 하는 가능성
은 높아진다. 그러나 막상 구체적인 정책이 입안되는 단계에 들어
가서는 난색을 표한다. 특히 자신들에게 주어지던 혜택이 줄어들
경우 국민들의 반대는 격심해진다. 미국의 소시얼 시큐리티, 영국
의 NHS 프로그램과 같이 사회 복지정책의 규모를 줄이거나 없애
는 것이 사실상 불가능한 이유다.

셋째, 정치가들의 이기적인 태도 때문이다. 정치가들의 최대 관
심은 어떻게 하면 다시 권력을 잡느냐 하는 것이다. 국가 경제의
미래에 대한 고민보다는 자신의 재선이 더 중요한 당면 과제일 수
밖에 없다. 그렇기에 선거가 가까워질수록 정부 기구 줄이기를 망
설이게 된다. 정부 지출이 줄어드는 것은 곧 유권자들에게 생색을
낼 기회가 줄어드는 것을 의미한다. 다른 정치인들의 선심성 사업
이 줄어드는 것은 나 몰라라 하지만 자신의 것은 절대 양보할 수
없다.

　이런 이유 때문에 작은 정부 만들기가 성공하기 위해서는 세심한 준비가 필수적이다.

　첫째, 여론 형성이 중요하다. 정부 관료들과 정치인들의 이기적인 작태를 누르기 위해서는 여론의 힘이 결정적이다. 절대 다수의 국민들이 정부의 크기를 줄이기를 원한다면 이를 쉽게 거스르지 못할 것이기 때문이다. 아울러 작은 정부 만들기의 우선순위에 대한 사회적 합의를 도출하는 데도 사회적 공감대 형성이 중요하다. 국민들의 지지 없이 자의적으로 정부의 역할을 줄이거나 정부 기관을 축소하려 할 경우 잘못하다가는 여론의 저항을 불러와 작은 정부 만들기를 위한 시도가 모두 물거품이 될 수도 있다.

　둘째, 제도 혁신이 중요하다. 여론만으로는 부족하다. 그렇기 때문에 제도적 제한 장치를 만들어야 한다. 인위적 예산 상한선을 정하는 것은 한 가지 방법이 될 수 있다. 대규모 자연재해나 외침과 같은 예기치 못한 상황이 아닌 경우 일정 액수 이상의 지출을 막기로 정당들이 합의를 보는 것이다. 법안 또는 제도에 일몰제를 적용하는 것도 지혜이다. 불요불급한 규제 법안 또는 정부 기관이 잔존하는 것을 막기 위해서 일정 기한 뒤에는 존속 여부를 다시 심의하고 결정하자는 것이다.

　제도는 만드는 것보다 없애는 것이 힘들기 마련이라는 것은 동서고금의 진리이다. 미국, 영국 등 외국의 경우뿐 아니라 문민정부 시절을 회고해 보더라도 정부 기관 축소 또는 폐지는 온갖 어려움에 부딪히곤 했다. 그러나 더 이상 어려움 때문에 정부의 크기 줄이기를 망설일 수 없다. 시도라도 하지 않는다면 정치인들은 정부 부서를 신설하고 예산 지출 규모를 계속 늘리려고 할 것이며, 이는 국가 경제의 잠재력을 깎아먹을 것이다. 하루라도 빨리 정부 규모 축소를 위한 여론 형성과 제도 마련을 서두르지 않으면 안 된다.

삼각파도가 몰려들고 있다

갈 길 바쁜 우리 경제의 발목을 잡을 삼각파도가 몰려들고 있다. 출산율 저하, 외국인 노동자 증가 그리고 고급 두뇌 유출이라는 3대 인구학적 위기가 그것이다. 앞의 두 문제가 기존 선진 국가들을 괴롭히고 있는 난제라면 마지막 문제는 기타 지역의 경제발전 속도를 늦추고 있는 원흉 중 하나다. 이 문제들을 해결하기 위해선 교육의 질적 개혁과 경제구조 고도화라는 동전의 양면과도 같은 두 조치들을 서두르는 수밖에 없다.

출산율 저하의 문제는 잘 알려져 있다. 우리나라의 가임 여성 1명이 평생 낳는 자녀수는 1.19명. 이는 OECD 회원국들의 평균인 1.7명 선에 훨씬 못 미치는 세계 최저 수준이다.

이런 추세라면 2017년부터 우리나라 전체 인구가 줄어들면서 노인 인구가 전체 인구의 14.2%를 차지하는 고령사회가 도래할 것이다.(표 9 참조) 보건복지부와 유엔 세계 인구 추계 자료를 토대로 내놓은 자료에 따르면 2025년이면 전체 인구에서 노인이 차지하는 비율이 다른 OECD 회원국을 앞지를 것이라는 전망이 나온 바 있다. 외국인 노동자의 유입도 줄어들 기세를 보이지 않는다. 지난해 조사된 국내의 외국인 노동자 수는 40여만 명. 이들 중 상당수는 불법 체류자다.

초기에는 단순 작업직에 한정됐던 외국인 노동자의 고용직종도 고기술이나 숙련직을 잠식해 들어가고 있다. 일부 직종에 대한 기피 현상이 계속되고, 정규직 노조가 강성을 띠며 비정규직까지 조직화되면서 임금이 높아지고 노동시장이 경직될수록 기업의 구인난은 심각해지게 마련이다. 경영 측면에서 불법 체류자를 포함한 저임 외국인의 고용에 대한 유혹은 커질 수밖에 없다.

고급 두뇌 유출도 시간이 갈수록 심각한 양상을 띨 것으로 보인다. 국내 기업에서 애써 키워놓은 인재들이 외국 유수 기업으로 떠나고 있다. 고임금과 좀 더 나은 대우의 유혹 앞에 기업 정보와 고급기술을 안고 한국을 등지고 있다. 사상 최고 숫자인 19만여 명의 외국 유학생들의 국내 회귀현상도 점차 줄어들고 있다. 자녀 교육 환경, 높은 수당, 생활의 질을 들어 해외에서 취업하거나 체류하는 경우 늘고 있다.

조기유학은 두뇌 유출에 새로운 양상을 더할 것으로 전망된다. 이러한 문제의 공통점은 두 가지이다.

첫째, 선진국의 사례를 보면 정부가 시행중이거나 시행을 검토 중인 대증요법으로는 문제를 근본적으로 해결하기 어렵다. 유럽 각국은 오래전부터 출산 장려책을 펼쳐오고 있지만 출산율 저하의 속도를 줄일 수 있었어도 출산율 저하의 추세를 되돌리지는 못했다. 유럽은 물론 미국 역시 외국인 노동자 유입에 이렇다 할 해결책을 내놓지 못하고 있다. 대부분의 경우 외국인 노동자가 숙련 직종까지 진출하면서 내국인의 고용난을 심화시키고 있다. 고급 두뇌 유출에는 효과적인 대책이 있을 수 없고 국민 정서와 국제사회의 시선을 감안하면 채택하기 어려운 조치들이 있을 뿐이다.

둘째, 세 가지 문제의 공통된 해결책은 기업과 민간이 주도하는 경제구조 개혁 및 경쟁과 선택을 근간으로 하는 교육의 질적 개혁에 박차를 가하는 데 있다. 교육개혁이 1인당 부가가치 생산량이 월등한 양질의 노동자를 양성하는 것이라면 경제구조 개혁은 이들에게 기대수준에 맞는 고용처를 확보해 주는 것이 필수적이다. 전체 국가 경제구조가 고도화될 경우 외국 노동자들의 유입 속도와 질도 오늘날과는 상당히 달라질 수밖에 없을 것이다.

교육의 질이 높아지고 국내에 좀 더 좋은 고용 기회가 있다면

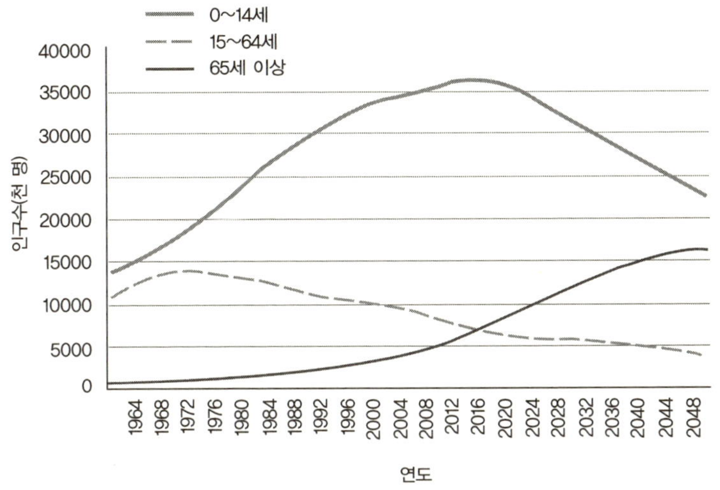

굳이 해외 유학이나 유학 후 해외 체류를 고집할 이유가 줄어들 것이다. 이런 해결책은 물론 쉽지 않은 일이다.

교육개혁과 경제구조 개혁은 엄청난 시간과 노력 그리고 투자가 요구된다. 문제는 정부다. 정부는 문제의 심각성을 인식하고 있지 못한 듯하다.

정부는 각종 선거를 앞두고 생색을 내고 표를 긁어모으기 위한 정책을 구상하는 데 바쁜 듯하다. 모든 일이 그렇듯이 경제정책도 때가 있게 마련인데 시기가 지나가고 있을지 모른다. 국가의 미래가 단기적인 정치가들의 안목 때문에 어두워지고 있다.

'난쏘공'으로 더 잘 알려져 있는 조세희 씨의 소설 『난장이가 쏘아 올린 작은 공』을 2007년 3월에 TV 문학관에서 다시 보았다. 우리 문단 사상 가장 오래도록 팔린 스테디셀러 중 하나인 '난쏘공'은 1970년대를 살아가는 민초들의 고통 어린 삶을 그린 역작이다. 그러나 한편으로는 씁쓸한 마음을 금할 수 없다. 왜일까? 그것은 아마도 현재 정권을 잡고 있는, 젊은 시절, '난쏘공'을 읽고 분노한 나머지 노동, 농민, 빈민 운동에 투신했던 이들의 위선적인 행동 때문일 것이다.

그들은 우리 경제의 발전과 더불어 국민들의 삶이 급속도로 개선되던 70년대를 '생지옥'이라고 여겼다. 정부가 눈부신 경제 실적을 제시해도 이를 거짓이라고 일갈했다. 대신 노동 운동을 하기 위해 공장에 위장취업을 했다. 농민 운동을 이끌었고 도시 빈민 운동에 참여했다. 민중들의 편에서 함께 싸워야 한다는 이유였다. 그리고 30년 뒤. 권력을 손에 넣은 그들은 '난쏘공'의 메시지를 깡그리 잊어버린 듯하다. 민초들은 하루가 다르게 절망과 좌절의 늪 속으로 빠져들고 있건만 이에 대한 책임을 질 생각을 않는다.

IMF 환란 이후, 국민들은 절망하고 있다. 삶이 그만큼 어렵기 때문이다. 중산층 붕괴, 취업난, 절대 빈곤층의 증가는 더 이상 뉴스거리도 아니다. 그런데 내년의 민생은 올해보다도 어려울 것으로 예상하는 것이 4년을 지나고 있다. 경제성장률은 올해보다도 낮을 것으로 보인다. 민간 경제 연구원들은 '2008년 국내외 경제전망' 보고서에서 2007년 경제성장률을 4.5% 내외로 유가인상과 미국경제의 하락으로 인한 세계경제의 둔화와 원자재 가격인상으로 물가불안이 심각해지고 있다.(표 10 참조)

공공요금은 2008년에도 오름세를 지속할 것으로 보인다. 건강보험료, 상하수도요금 그리고 대중교통 요금이 뒤를 이을 예정이다. 조세 부담은 어떤가? 2008년 국민 1인당 세부담은 434만 원으로 올해보다 20만 원가량 증가할 것으로 예상된다. 근로소득세는 14조7724억 원으로 약 8.8% 늘어나고 자영업자들이 주로 내는 종합소득세는 6조3046억 원으로 약 11% 증가할 것으로 보인다.

금리도 문제이다. 정부의 11·15 부동산 대책과 한국은행의 지급준비율 인상 등으로 은행권의 주택담보대출 금리가 올라갔고 시장 금리도 상승세를 보이고 있기 때문이다. 이렇게 되면 신규 대출자뿐 아니라 이미 대출을 받은 금융 소비자의 이자 부담이 늘어갈 것이다. 그 여파로 인해 소비가 위축될 것이다. 2008년 내수 경기는 올해보다 더 나빠질 수 있을 것이라는 말이다. 이러다 보니 대다수 국민들의 삶은 IMF 때보다 못하다는 이야기가 나온다. 경이로운 성장을 기록했던 70년대의 경제, 사회상에 분노했던 이들이라면 자다가도 벌떡 일어나야 할 상황이 벌어지고 있는 것이다.

그러나 대통령 이하 정부 여당 정치인들은 무감각하기만 하다. 2006년 초, 주가가 크게 뛰었다며 "경제는 이제 웬만큼 됐다"고 선언한 노 대통령. 부산을 방문한 그는 부동산 정책 말고는 잘못한 것이 없다고 강변했다. 그 다음 날에도 정부가 "자신 있게 얘기할 수 있을 만한 실적을 가지고 있다"며 국민들이 참여정부를 제대로 평가해 주지 않는다고 불만을 터뜨렸다. 송영길 의원과 같은 극소수 의원들을 제외하고는 아무도 이 같은 대통령의 발언에 대해 이론을 제기하지 않았다.

이런 모습에서 우리는 자신들에게 유리한 통계 수치만을 들먹이던 과거 권위주의 정권의 관료들과 정치인들의 환생을 본다. 서민의 편에 서겠다며 표를 긁어모은 뒤, 집권을 한 뒤에는 이들을

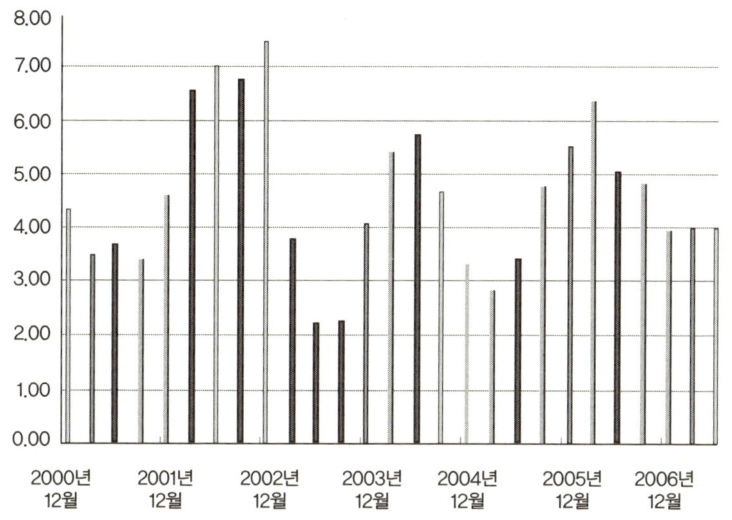

외면하는, 인기영합주의를 전가의 보도처럼 휘두르는 정치꾼의 모습을 본다. 스스로를 '민주화 세력'이라고 자부하는, 민중의 편에서 '가진 자의 횡포'에 맞서 싸웠다는 이들이 왜 이렇게 되었는지는 알 수 없다. 확실한 것은 단 하나. '난쏘공'이 무대 위에 오르는 내년만큼은 위선자들이 다시 권력을 쥐는 것을 막아야 한다는 것이다.

대의를 앞세워 현실을 망각하지 말자

결국 우리는 조총련의 어리석음을 반복하는
가? 2006년 10월 2차 핵실험이 임박했다는 보도에도 불구하고 정
부 여당 관계자들은 앞 다퉈서 무조건적인 대북 지원 정책을 옹호
하고 있었다. 우리의 대북 정책이 조총련의 대북 경제 교류가 범
한 오류를 되풀이하고 있다는 의혹을 낳게 하고 있다.

국민의 정부 이래 본격화된 대북 경제 교류와 조총련이 주도한
경제 교류에는 두 가지 유사점이 있다. 첫째, 그럴듯한 대의가 있
었다. 햇볕 정책의 대의가 경제난에 허덕이는 동포를 돕고, 이른
바 '통일 비용'을 줄이자는 것이었다면 조총련이 들고 나왔던 논
리는 '조국애'였다. 총련계 일본 동포들이 한반도에서 유일하게

212

정통성을 가진 정부라고 여겼던 북한에 대한 지원을 하는 것은 같은 민족으로서 마땅히 져야 할 의무라는 주장이었다.

둘째, 북한 경제와 사회 변화에 일정 정도 기여를 했다. 1990년대까지만 하더라도 조총련은 대북 투자를 주도했다. 1992년 말 현재 계약건수는 약 120건, 조업 건수는 70여 건, 총투자액은 약 1억 달러에 달했다. 이는 해외 자본의 대북 투자액의 약 70%에 달하는 금액이었다. 아울러 북한 사회에 외부 문물을 소개하는 전령 역할을 맡았다. 우리 연예인들의 평양 공연을 하기에 앞서 북한에 일본의 대중문화를 알렸고 극소수였지만 북한 주민들이 소니 TV를 보고 도요타 자동차를 탈 수 있도록 했다.

그러나 조총련의 대북 경제 교류에는 문제점이 많았다. 세 가지가 두드러진다. 첫째, 시간이 지날수록 목적이 변질되어 갔다. 겉으로는 조국애를 내세웠지만 속사정은 복잡했다. 경제 교류는 조직 안에서 권력 다툼을 위한 충성 경쟁의 장으로 전락했다. 북한이 조총련 지도부의 구성에 결정적인 영향력을 끼쳤기 때문에 얼마나, 어떻게 평양 당국에 잘 보이느냐가 조총련 간부들의 최대 관심사가 됐다. 정치 논리가 경제 교류를 좌우했던 것이다.

둘째, 북한을 변화시키지 못했다. 북한 당국은 조총련의 대북 지원은 모두 수령님에 대한 흠모와 동경의 마음에서 자발적으로 우러나오는 것이라고 선전했다. 탈북자들의 증언에 따르면 대부분의 북한 인민들은 이런 주장을 받아들였다고 한다. 노동당이 요구를 하기가 무섭게 일본으로부터 현금과 물자가 도착하는 데에는 달리 생각할 이유가 없었다. 이와 함께 북한 주민들이 체제의 문제에 눈을 뜨고 변화를 요구할 이유도 사라지게 됐다.

셋째, 조총련이 치른 대가는 엄청났다. 경제적으로 파산했다. 북한과의 사업에서 돈을 번 재일 동포 사업인은 거의 없었다. 과거나 지금이나 북한은 원자재 및 에너지의 공급이 불안정할 뿐 아니라 도로, 철도, 항구 등 사회 간접 자본의 정비가 시급했고 경제 관리 체제가 경직되었었기 때문이었다. 국제적으로도 고립됐다. 일본 정부와 인터폴의 집중적인 견제 대상이 됐다. 교류 과정에서 위조지폐, 마약거래, 납치 그리고 정밀 무기 개발용 부품 밀수 등 북한 정권의 공작에 연루됐다는 의혹이 제기됐기 때문이다.

북한과의 경제 교류를 마다할 이유는 없다. 특히 '지원 과정의 투명성이 보장된', 그래서 북한 주민들에게 실질적인 도움을 줄 수 있는 인도주의적 지원은 계속돼야 한다. 그러나 우리의 대북 경제 교류가 조총련의 그것과 다를 바 없다면 심각한 재고가 필요하다. 대북 경제 교류가 정부 여당의 정치적 이해관계에 좌지우지되고 있는 것은 아닌지, 북한 사회 내부에서 터져 나올 수 있는 개

혁에 대한 요구를 잠재우고 있는 것은 아닌지, 김정일 정권을 일
방적으로 두둔함으로써 국제적인 고립을 자초하고 있는 것은 아
닌지, 심도 있는 논의가 필요하다.

밑 빠진 독에 물을 부으랴

정치권이 몰라보게 변했다. 지난 국회의원 선거 이후 여당과 여당 모두 대북 경제 지원과 협력을 하겠다고 나서고 있다. 경제 지원과 협력에 조심스러운 입장을 취해 오던 보수 야당인 한나라당조차 정부 여당이 주도하고 있는 대북 경제 관계 개선에 관한 비판적 입장을 사실상 폐기했다. 신세대의 대북관에 부합해야 한다는 명목이다. 과거 대북 강경 노선을 취해 오던 일부 의원들도 한 목소리이다. 우려되는 현상이 아닐 수 없다. 대북 경제 지원과 경제협력은 두 가지 문제가 있다.

첫째, 경제 지원과 경제 협력은 엄청난 비용을 수반할 가능성이 높다. 설사 북한이 경제 개방과 개혁에 적극 나선다 하더라도 대부분의 구공산권국가들이 겪은 개혁 초기의 혼돈과 시행착오를 겪게 될 것이다. 이러한 학습비용을 우리가 모두 떠맡기엔 우리 경제현실이 너무 어렵다. 6자회담 멤버이자 주변국인 미국·중국·일본·러시아 등이 함께 대북 지원에 동참한다면 위험과 비용을 분산할 수 있다. 그러나 북한이 핵개발, 미사일 수출 등을 중지하지 않는 한, 북한에 대한 이들의 경제협력 가능성은 매우 희박하다.

둘째, 대북 경제 관계는 자기 재생산의 메커니즘을 갖게 된다. 논리적으로는 대북경협이 어려움에 처할 경우 이를 즉각 중단할 수 있어야 한다. 그러나 현실적으로 가능성이 매우 낮다. 달콤한 지원 약속을 믿고 대북 사업에 참여했던 기업들은 난관에 봉착할 경우 정부에게 추가 지원을 요청할 것이다. 정치권이나 관료층은 자신들이 지지했던 정책노선의 후퇴에 강력하게 반발할 것이다. 대북경협은 밑 빠진 독이 될 수 있는 것이다. 따라서 대북경협은 이제부터라도 장기적 계획하에 신중하게 단계별로 추진돼야 한다. 이를 위해 정책 관계자들은 다음의 3대 원칙에 유념해야 한다.

첫째, 국내 경제 우선원칙이다. 대북 지원 및 경협자금도 국내 경제의 발전에 따라서 염출된다. 경제난이 악화되어 경협과 지원에 사용될 국내 경제기반이 붕괴하고 조세수입이 줄어들 경우 대북 지원 규모 역시 이에 따라 조정되지 않으면 안 된다. 아울러

"북한 챙기기에 앞서 우리 국민을 챙기라"는 목소리에 귀를 기울일 필요가 있다. 우리 사회에는 현재 빈곤과 재난으로 신음하는 국민들의 숫자가 계속 늘어가고 있다. 이들의 고통을 무시하고 북한에 대해 인도주의적 지원과 복지를 제공하는 것은 어불성설이다.

둘째, 시장경제원칙에 충실해야 한다. 정부가 기업에 대해 강제적으로 대북 경협을 하게 해선 안 된다. "중국, 베트남보다 나을 것이 없는데 왜 북한에 투자해야 하나?"는 볼멘 불만을 흘려들어서는 안 된다. 아무리 토지와 인건비가 싸다고 하더라도 기업인들은 쉽게 투자를 하지 않는다. 투자수익을 확보할 수 있고, 정권에 대해 신뢰할 수 있으며, 양질의 기술 인력을 얻는 데 어려움이 없다는 판단이 설 때만이 기업은 투자에 나선다. 대북 경협을 활성화하고 싶다면 기업들에게 대북 투자를 종용하는 것보다 북한 정권에 이 같은 조건들을 갖추도록 요구하는 것이 순서이다.

셋째, 투명성의 원칙이다. 지난 정부에서 행한 대북자금에 대한 사법부의 판단은 이미 이뤄졌다. 국민의 세금을 돈을 정치인이 비밀리에 마음대로 사용하는 것은 어떤 경우에도 정당화될 수 없다는 것이다. 이 같은 원칙은 앞으로도 계속 적용되어야 한다. 대북 지원과 대북 경협이 어떻게 진행되고, 북한에 진출한 기업들이 어떤 일을 하고 있는지 국민들은 알 필요가 있다. 그럴 때만이 남북 경제 관계에 대한 국민들의 지지를 얻을 수 있을 것이고, 경제 관계가 소수 정치인들의 판단에 좌지우지되는 불미스러운 사태가 일어나는 것을 막을 수 있을 것이다.

경제 협력을 통해서 남북관계를 비군사적 관계로 재정립하려는 시도 자체는 매우 고무적이다. 그러나 맹목적인 대북경협과 정책 지원은 의도하지 않은 결과를 얻을 수 있다. 치밀한 계획이 없이 우리 단독의 지원만으로 북한의 경제가 획기적으로 개선될 가능성은 없다. 오히려 산적한 문제에 직면해 있는 우리 경제에 대북 경협은 큰 짐일 뿐이다. 따라서 지금부터라도 대북 경제협력은 정부와 기업이 협력해서 치밀한 장기계획을 세워 취약한 우리 경제와 북한 경제가 서로 좋아질 수 있는 방책을 강구해야 할 것이다.

중앙정부, 지방자치단체에서 배워라

19세기 말, 영국의 제임스 브라이스James Bryce는 미국을 돌아보고 "연방제는 무궁무진한 정책 실험실"이라는 명언을 남겼다. 미국이 발전을 거듭하는 이유는 지방자치단체인 주州 정부가 새로운 정책들을 창안해 내고 정책들이 실효성이 있을 때는 다른 주정부와 중앙정부가 이들을 채택하기 때문이라는 것이다. 지방자치제도는 "정책 혁신의 보고"라는 지적이다. 그의 지적은 자치단체장 선거를 하는 우리에게도 많은 시사점을 준다.

최근 들어 우리의 지방자치단체들도 고정관념을 깨뜨리는 창의적인 정책들을 내놓고 있다.

서울시는 재정 운영의 전범을 제시해 줬다. 원가분석 전담 부서를 신설하고 계약심사제를 강화하는 등 기업의 경영 기법을 도입해서 재정 지출 규모를 혁신적으로 줄였다. 그 결과 지난해의 경우 지출 절감액 규모는 5800억 원에 달했다. 중앙정부는 방만한 예산 운영으로 국채를 산더미처럼 늘렸지만 서울시는 지난 3년 동안 약 3조 원에 가까운 부채를 줄일 수 있었다.

광주시는 '정치가들은 반反기업 정서의 원흉'이라는 편견을 뒤흔들었다. 시의회는 지난해 '광주시 기업인 예우 및 기업활동 촉진에 관한 조례'를 통과시켰다. 조례는 창업 활동이나 판매 기술 인력양성 등을 지원하고 투자 유치를 위해 규제를 혁파하는 한편 지역 발전에 기여한 기업과 기업인을 기리도록 규정하고 있다. 시의원들은 지역 경제를 살리기 위해서는 기업인들의 역할이 얼마만큼 중요한가를 꿰뚫어본 것이다.

부산시는 교육 개혁의 모델을 제시했다. 전국에서 가장 교육 만족도가 높은 도시로 선정된 부산. 수업을 잘한다는 교사를 과목별로 6명씩 선발해 그들의 수업을 동영상으로 인터넷에 띄우는 릴레이 공개수업, 독후감을 인터넷에 올릴 경우 도서상품권을 주는 독서인증제, 불우한 학생들을 대상으로 한 보충학습제 등 학생, 학부모, 교사들이 내놓은 참신한 아이디어들을 채택한 덕분이었다. '공교육의 개혁은 불가능할 것'이라는 비관론을 뒤집은 것이다. 이들 모두는 고무적인 현상임에 틀림없다. 그러나 두 가지 아쉬운 점이 두드러진다.

첫째, 중앙정부 차원에서 지방자치단체의 정책 혁신 노력을 한층 더 북돋워주려는 움직임이 없다.

국세와 지방세의 비율은 8 대 2에 머물러 있다. 이번 선거를 앞두고는 지방정부를 가만히 놔둬서는 안 된다는 '지방정부 심판론'이 여권 인사들 사이에서 회자되고 있다. 이래서는 지방자치단체장들이 재량권을 갖고 참신한 정책 혁신을 하기가 힘들다.

둘째, 중앙정부가 지방자치단체를 배우려 하지 않는다. 취임 직후부터 참여정부는 각종 위원회를 신설해 가면서 행정 및 정책 혁신 노력을 펼쳤다. 그러나 많은 경우에서 탁상공론에 그쳤다는 비판을 들어야 했다. 우리의 실정에 맞지 않는 외국의 사례들을 무리하게 적용하려다가 갈등만 초래했다. 상대적으로 지방의 정책 혁신 사례를 연구하고 혁신적인 정책을 적극적으로 채택하려는 노력을 소홀히 해왔다.

1988년 개정 지방자치법 통과와 1991년 지방의회의 출범 그리고 1995년 지방자치단체장에 대한 주민 직선제로 본격화된 지방자치제. 어느새 우리의 지방자치제도는 미국의 연방제와 같이 정책 혁신의 보고寶庫로 성장하고 있다. 이제는 한 지방자치단체에 의해 '혁신'된 정책이 다른 지자체들은 물론이고 중앙정부로 '확산'되는 메커니즘을 마련할 때이다. 이를 위해서는 무엇보다도 중앙정부의 정치인들과 관료들이 지방자치단체를 무시하거나 그 위에 군림하려 하기보다는 지방자치단체의 성공사례를 보고 듣고 배우려는 태도가 절실하다. 그렇게 된다면 지방자치제는 '풀뿌리 민주주의의 장'으로서뿐 아니라 국가 발전의 원동력으로 거듭날 수 있을 것이다.

미국의 남부가 성장한 까닭

"미국이 당면한 최대의 경제 문제는 남부의 빈곤 문제이다The South is the Nation's No. 1 Economic Problem"이라는 미국의 32대 대통령인 프랭클린 루스벨트Franklin D. Roosebelt의 말이 웅변해 주듯, 1930년대 말만 하더라도 남부는 미국에서 가장 빈곤한 지역이었다. 남부의 평균 소득은 미국 평균 소득의 절반에도 못 미쳤다. 2000년 현재, 남부의 평균 소득은 전국 평균 소득을 90% 초반 대까지 따라잡았다. 남부의 인구가 다른 지역보다 많다는 것, 생활비가 월등하게 낮다는 것을 고려한다면 여타 지역들과의 차이가 거의 없어진 것이다.

이 같은 발전이 가능했던 것은 주정부와 기업이 주도한 '지방

중심적 개발 전략' 때문이었다. 1960년대 중반부터 남부의 주들은 세율을 '낮추고' 규제를 '줄이는' 한편, 성실하고 우수한 '고급 노동력'을 공급하는, '2저低 1고高 정책'을 추진하는 데 매진해 왔다. 기업 활동에 이상적인 환경을 제공하는 데 앞 다퉈왔다. 이러한 노력은 결실을 맺었다. 내로라하는 기업들이 대거 남부로 몰려 들어가 남부 경제를 탈바꿈시켰다. 경제성장률을 끌어올리고 일자리를 창출했다.

앨라배마 주는 메르세데스 벤츠 공장을 유치하는 데 성공했고 미시시피 주는 닛산을, 사우스캐롤라이나 주는 BMW 공장을 유치했다. 현대와 기아 역시 각각 앨라배마와 조지아 주에 둥지를 틀었다. 제조업뿐만이 아니다. 세계적인 제약회사인 머크 사와 글락소클라인스미스 사가 위치한 노스캐롤라이나 주는 캘리포니아, 매사추세츠 주와 함께 생명공학 연구의 산실이 됐다. AOL 사와 MCI 사 본사가 위치한 버지니아 주와 델 컴퓨터 본사가 자리 잡고 있는 텍사스 주는 IT 허브로 성장 중이다.

우리는 어떤가? 정부혁신 지방분권 위원회, 국가균형발전 위원회 등 대통령 직속 특별 위원회를 신설하고 국가균형발전 특별법, 지방분권 특별법 그리고 신행정수도 건설을 위한 특별조치법 등을 통과시키며 지역균형 발전을 국정 핵심 과제로 내세운 참여 정부. 그러나 정부의 '중앙정부 주도적 개발 전략'의 결과는 신통치 않았다.

첫째, 이른바 혁신도시 건설 정책은 지방의 부동산 가격만 높였을 뿐이라는 비판을 받고 있다. 실제로 인구와 주택의 수도권 집중도는 오히려 늘어났다. 2006년 12월 현재, 통계청에 따르면 1995년 수도권의 인구는 전체 인구의 45% 선이었으나 2005년에는 48%로 늘었다. 주택의 경우 약 41%였으나 같은 기간 동안 44%로 늘어났다. 양질의 일자리가 없는 지방에 머물 이유가 없기에 국민들은 상경 행렬을 계속할 수밖에 없었던 것이다.

둘째, 지방에 기업을 유치하기 위해 만들어진 정부의 '2단계 국가균형발전정책 구상'은 실효성이 의심스럽다. 지방으로 이전하는 기업에 대해 법인세를 경감해 주고 출자총액제한제도의 예외를 인정하며 산업용지 공급을 확대해 주고자 하는, 2007년 2월 공개된 이 정책은 과거부터 시도는 되어왔지만 효과를 못 거둔 정책을 반복하는 것이라고 비판을 받았다. 이와 관련, 중앙정부가 생색 내기용으로 소규모 지원만 해주면 지방에 대한 투자가 갑자기 급증할 것이라는 믿음은 순진하기까지 하다. 최적의 투자 환경이 없다면 기업들은 미련 없이 해외로 떠날 것이기 때문이다.

더 이상은 곤란하다. 진정으로 균형 잡힌 발전을 원한다면 중앙정부 공무원들의 권한을 키우고 정치인들의 생색 내기용으로나 적합한 기존의 개발 전략은 재검토되어야 한다. 중앙정부의 크기

및 권한을 획기적으로 축소해서 재정 건전성을 해치지 않으면서
조세 구조의 무게 중심을 지방으로 옮기는 노력, 노동과 교육정책
과 관련, 지자체에 대폭적인 자율권을 부여해 주는 노력이 필요하
다. 그렇게만 된다면 지자체들은 경쟁적으로 기업 활동에 유리한
환경을 조성할 수 있을 것이다. 기업들은 가지 말라고 해도 지방
으로 가게 될 것이다. 미국 남부의 기적이 우리나라에서도 일어날
수 있게 될 것이다.

신문 지상에 자주 게재되고 있는 북한 주민들의 비참한 모습들. 특히 TV에서 볼 수 있는 중국과의 국경 인근에 살고 있는 빈곤에 찌든 동포들의 모습은 이 땅에 일어난 '자주의 역설'을 곱씹게 한다. '자력갱생'을 금과옥조金科玉條처럼 여기던 나라는 자주를 잃고, 통념적으로는 자주와 거리가 먼 듯한 정책을 추구하던 나라는 세계에 우뚝 서게 된 역설.

종속 경제라는 비판을 받던 우리 경제는 민족사에서 유례를 찾기 힘들 정도의 세계적인 위상을 누리고 있다. 종속이론, 세계체제론 등을 신봉하던 이들은 우리가 미국 일본과 같은 '중심부 국가'들이 주도하는 자본주의 세계 체제에 편입돼 착취를 받고 있다고 주장했다. 그리고 빈곤의 저주로부터 영원히 자유롭지 못할 것이라고 말했다.

그러나 우리 경제는 눈부시게 성장했다. 이제는 중심부 국가의 전유물이라고 여겨졌던 해외 직접 투자에 나서고 있다. 우리나라는 최근까지 중국의 최대 대외 직접 투자국이었다. 현대자동차와 기아자동차 등 많은 회사가 미국 본토에 공장을 짓고 수많은 미국인들을 고용하고 있다. 우리의 수출상품은 자동차, 반도체, 조선 등 고부가가치 상품들이다.

한편 자립 경제를 추구한다고 해서 일부 지식인들이 동경했던 북한은 중국 경제에 철저하게 종속됐다. 폐쇄 정책의 무게에 경제 기반이 사실상 붕괴됐기 때문이었다.

금융경제연구원은 2004년 말 현재, 중국 상품이 북한 시장에서 거래되는 생필품의 80%가량을 차지한다고 지적했다. 그뿐인가. 올해 '평양 국제상품 전람회'에 참가한 업체들 가운데 80% 이상은 중국 기업이거나 중국과의 합영기업이었다. 동아시아 최대의 철광 광산으로 알려진 무산광산은 중국 자본의 영향 아래 있고, 중국의 지린성吉林省 정부는 부두를 확장해 주는 대신 50년간 나진항을 사용할 수 있게 됐다.

자주의 역설이 일어났던 이유는 두 가지이다.

첫째, 자주는 구호만으로 얻어지는 것이 아니다. 자주는 지구상의 모든 국가와 민족이 공통적으로 추구하는 일종의 '희소재'이다. 그리고 모든 희소재가 그렇듯 피나는 노력으로 쟁취해야 한다.

둘째, 자주를 달성하는 데는 '왕도王道'가 없다. 많은 이들이 '종속'을 부른다고 여기는 정책이 자주로 가는 지름길을 제공할 수 있다. 동시에 자립 경제를 이룩하기 위해서 꼭 필요하다고 여겨지는 정책들이 실제로는 자주를 앗아갈 수 있다.

과거 우리는 이 같은 '자주의 역설'의 작동 원리를 꿰뚫어본 리더십을 만날 수 있었다. 그들은 자주가 도식적으로 접근해서는 얻어질 수 없는 가치라는 것을 깨달았다. 독창적인 경제정책을 개발하고 실험했다. 구호만으로 외치는 자주는 누구나 할 수 있는 것이라는 점을 간파했다. 공허한 당위론을 늘어놓기보다는 실력을 쌓으려고 했다. 그랬기에 세계 최빈국 중 하나였던 나라가 세계 경제 10위권을 넘보는 경제 대국으로 성장할 수 있었다.

그러나 기뻐하기에는 이르다. 또 한 번의 역설이, 이번에는 우리나라에서 벌어지려고 한다. 입만 열면 '민족의 자존심'을 강조하는 정부와 여당은 구호가 실력을 대신해 줄 수 있다고 믿는 듯하다. 정권을 잡은 뒤 이전 세대들의 피땀 어린 노력으로 높아진 우리 경제의 위상을 자랑하기에 바빴지, 위상을 지키고 신장시키는 일에는 부족했다.

그 결과 자주를 가능케 하는 기반이 허물어지고 있다. 세계 경제에서 우리 경제의 지위는 한 단계씩 미끄러져 내리고 있다. 성장은 답보 상태이다. 기업들은 "할 수 있다"는 자신감마저 잃어가고 있다. 이대로라면 북한이 과거에 범했던 과오를 우리가 답습할 듯하다.

말뿐인 자주를 고집하다가 굴종의 수렁 속으로 빠질 것인가, 아니면 자기만족을 모르는 끊임없는 정진으로 세계 일류 경제 대국으로 도약할 것인가? 우리는 지금 중대한 선택의 기로에 서 있다.

우리 사회의 가장 큰 화제 중 하나는 롤러 코스터를 타는 대통령의 지지율이다. 2006년 중반부터 30%를 밑돌았고 한때는 10% 대까지 떨어지기도 했던 대통령의 국정수행 지지도가 한미 FTA가 체결된 뒤 약 10%나 급반등했기 때문이다. 향후 정국의 향방과 후대 역사가들에 의한 노 대통령의 평가는 대통령이 이 같은 지지율변화에서 어떤 교훈을 이끌어내느냐에 달려 있다. 노 대통령의 여론 조사 결과를 읽는 방법은 두 가지가 있을 수 있다.

우선 "역시 내 고집대로 하니 국민들이 따라오더라"는 식으로 결과를 해석할 수 있다. 그럴 만도 하다. 노 대통령의 정치 역정은 외골수 전략, 독불장군 전략으로 점철돼 왔다. 회의 섞인 시선을 아랑곳 않고 지역주의 문제를 끈질기게 물고 늘어졌다. 그랬더니 대통령까지 되었다. 청와대에 입성을 한 뒤에는 주변의 만류에도 불구하고 야당과의 극한적인 대립을 계속했다. 그 결과, 탄핵 역풍에 힘입어 열린우리당이 거대 여당이 됐다.

둘째로는 "소수 지지층이 아닌 국민 대다수의 바람을 따랐더니 여론이 호응을 하더라"는 식으로 해석하는 것이다. 국민들 대다수는 민생을 가장 중요한 이슈로 꼽아왔다. 핵심 지지층은 달랐다. 과거사를 파헤치고 특정 언론사들과의 대결에서 승리를 하고 미국과 대립각을 세우는 것을 최우선 과제로 여겨왔다. 한미 FTA 협상은 노 대통령이 지지층과의 충돌을 무릅쓰고 국민들과 함께 "앞으로 먹고살 고민"을 함께 한 보기 드물었던 케이스였다.

그렇다고 했을 때 현재 청와대 내의 분위기는 첫 번째 식의 여론 조사 읽기 방법이 주류를 이루는 듯하다. 각종 여론 조사에 따르면 국민의 3분의 2가 반대하는, 민생과는 아무런 상관도 없는, 임기 내 개헌을 고집하겠다고 하다가 철회한 것은 여론조사 결과를 의식한 것일까?

FTA 협정 타결은 시작일 뿐이다. 비준은 결코 쉽지 않을 것이다. 한·미 양국의 국내 정치 문제가 얽혀 있기 때문이다. 대선을 앞둔 우리의 경우 범여권 의원들과 민노당 의원들 대다수는 선뜻

FTA에 손을 들어줄 것으로 보이지 않는다. 미국 의회에서도 자동차 공장과 양축 농가가 모여 있을 뿐 아니라 차기 대통령 선거에서 격전 지역이 될 중서부 주 소속의 의원들을 중심으로 반대 의견을 내놓을 가능성이 높다. 부시George W. Bush 대통령과 기 싸움이 한창인 민주당 지도부 역시 현 행정부가 업적을 남기는 것을 막겠다고 나설지 모른다.

FTA의 후속 조치 역시 서둘러 준비하지 않으면 안 된다. 시장 개방으로 인해 피해를 입을 계층을 최소화해야 한다. 그렇지 않으면 이미 심화되고 있는 양극화는 한층 더 가속화될 것이다. 서비스업을 중심으로 한 추가적인 시장 개방과 다른 나라들과의 자유무역협정 체결에 부정적인 영향을 미칠 것이다. 우리 기업들이 미국 시장에서 돌풍을 일으킬지도 불투명하다. 특히 자동차의 경우 미국 시장에서 약진하기 위해서는 여전히 부정적인 브랜드 이미지의 벽을 넘지 않으면 안 된다. WTO의 규정을 어기지 않는 한도 내에서 정부 차원의 지원이 절실하다.

그렇기에 최근 여론 조사에 반영된 국민의 목소리에 귀를 기울이고 남은 임기를 잘 마무리하는 길은 개헌과 같은 국민이 받아들이지 않는 정치 어젠더에 집착하기보다는 FTA의 비준을 성사시키고 후속 조치를 마련하는 일에 전력을 경주하는 것이라고 할 수 있다. 그럴 경우 대통령은 박수를 받으면서 청와대를 떠날 수 있

을 것이다. 개방과 쇄국의 기로에서 개방을 선택한 지도자로 기록
될 것이다. 그렇지 않을 경우, 서민의 지지에 힘입어 대통령에 당
선되었지만 대다수 서민들의 바람을 저버린 정치인으로 기억될지
모른다. 민생을 외면한 채 정치에 매몰된 대통령이라는 꼬리표를
달게 될 가능성이 높다. 대통령의 현명한 선택을 기대해 본다.

긴 여정이었다. 칼럼들을 쓰고, 묶고 정리하는 작업을 시작한 것이 9월 초순이었는데 어느덧 연말이 다가오고 있다. 새해도 멀지 않았다. 무자년 새해는 많은 생각을 하게 한다.

미국과 프랑스, 독일 등지에서 2008년은 이른바 '1968년 혁명' 40주년을 맞는 해이다. 40여 년 전, 미국과 많은 서유럽 국가들은 극렬 시위로 홍역을 치렀다. 시위는 칼 마르크스가 예언했듯이 굶주림과 학대를 못 이긴 노동 계급의 혁명이 아니었다. 거리를 메웠던 '68세대'라고 불리는 주동자들은 대부분 부유한 가정에서 태어난 고학력자들이었다. 이들은 빵과 일자리를 갈망하는 대신 이념과 관념에 경도된 목적들을 추구했다. 그래서 대다수 국민들이 외면할 수밖에 없었다.

언뜻 보면 '68 혁명'은 우리와는 아무런 관계가 없어 보인다.

같은 해, 우리는 전혀 다른 경험을 했다. 1년 내내 북한의 군사 도발에 시달렸다. 1968년 1월, 김일성 정권은 특수부대를 동원해서 청와대를 기습했고, 미군 정보수집함 푸에블로호를 납치했다. 10월과 11월에는 강원도의 울진·삼척 지역에 대규모 병력을 침투시켜 살인과 파괴를 자행했다. 그렇지만 우리나라에서도 68세대에 비견할 만한 세대가 없었던 것은 아니었다. 참여 정부의 주역들은 여러모로 68세대와 닮았다.

이들은 대학에 들어간 직후부터 급진 사상을 탐닉했다. 4·19 세대와 6·3 세대 등 이전에도 학생 운동을 한 이들은 많았지만 어느 누구도 현 정부의 주체들만큼 체계적인 이념 학습을 하지 못했다. 또한 이들은 대부분의 국민들과는 동떨어진 삶을 살았다. 같은 또래들이 생업 전선에 나섰을 때도 정치에만 몰두했다. 그러다 보니 집권을 한 뒤에도 언론과의 전쟁, 과거사 청산 그리고 국가보안법 폐지와 같은, 국민들의 삶과 정서와 거리가 먼 정책을 펼칠 수밖에 없었다. 그랬기에 한국판 68세대에 대한 국민들의 반응은 차가왔다.

노 대통령의 국정 지지율은 20% 대 초반에 머물고 있다. 역대 대통령 중 최악이다. 여당에 대한 지지율은 이보다 낮다. 2003년 11월 창당한 열린우리당에 대한 지지율은 10% 대까지 떨어졌다. 2007년 8월 창당된 사실상 새로운 여당인 통합 신당의 지지율은 아예 10%를 넘지 못한다. 가장 놀라운 것은 대선 후보에 대한 지지율이다. 끊임없이 부정과 비리 의혹을 제기했지만 보수 야당 후보인 이명박 후보에 대한 지지율은 12월 초순 현재 40% 이상의 고공행진을 계속하고 있다. 반면 여권 후보들에 대한 지지율은 초라하기 그지없다.

그러므로 곧 있을 12·19 대선의 승자는 한국판 68세대의 실패를 타산지석으로 삼아야 한다.

승리의 기쁨에 겨워 "역사와 시대가 나를 원했다"며 자신이 추구하는 이념에 치우친 개혁을 남발해서는 곤란하다. 민주주의 이론의 대가인 로버트 달Robert Dahl이 경고한 바 있듯이 "대권위임의 신화Myth of Presidential Mandate"의 노예가 되서 대선 승리의 원인을 아전인수 격으로 해석해서는 안 된다는 것이다. 대신 지난 5년간 한국판 68세대의 전횡에 시달리고 지친 고용난과 물가고에 찌든 유권자들의 삶을 보듬어줘야 한다. 고용의 주체인 기업들의 투자 의욕을 되살릴 수 있는 조치를 강구하고, 물류 체계 및 유통 체계 혁신 그리고 적극적인 조세정책을 통해 물가 안정에 총력을 기울여야 한다.

이에 못지않게 중요한 것은 한국 경제의 체질을 강화시키기 위한 중장기적 조치를 취하는 것이다. 이를 위해서는 무엇보다 포퓰리즘의 마수魔手에 걸려 한국 경제가 자살하는 것을 막기 위한 개혁을 추진해야 한다. 포퓰리스트 정치인들이 나타나서 국민들을 유혹하더라도 국민들이 이를 이길 수 있도록, 설사 국민들이 유혹에 넘어가더라도 우리 경제에 미치는 악영향이 최소화될 수 있도록 해야 한다. 언론을 자율화, 민영화해서 언론이 인기영합주의를 추구하는 정치꾼들의 나팔수로 전락하는 것을 막고 국가 경제 운영에 있어 정부의 역할을 최소화해서 나라 경제가 포퓰리스트들의 생색 내기용 정책의 희생양이 되는 것을 방지해야 한다.

쉽지는 않은 일일 것이다. 수많은 나라들이 포퓰리즘의 덫에 걸려 빈곤의 수렁에서 벗어나지 못했다. 선진국의 문턱에서 좌절해야만 했다. 그러나 불가능하지만은 않을 것이다. 과거, 우리는 이에 못지않게 어려운 일들을 해냈다. 정치인들이 외면한다면 국민들이 나서야 한다. 여러모로 부족하기만 이 한 권의 책이 이러한 노력의 시발점이 될 수 있다면, 포퓰리즘의 위협에 대한 경각심을 고취시키고 포퓰리즘을 막을 수 있는 방안을 찾기 위한 범국민적 논의에 불을 지피게 해준다면 더 이상 바랄 것이 없겠다.

한국경제의 자살을 막아라

지은이 / 윤계섭·윤정호
옮긴이 / 이재규
펴낸이 / 김경태
펴낸곳 / 한국경제신문 한경BP
등록 / 2-315(1967. 5. 15)
제 1판 1쇄 인쇄 / 2007년 12월 20일
제 1판 1쇄 발행 / 2008년 1월 2일
주소 / 서울특별시 중구 중림동 441
홈페이지 / http://www.hankyungbp.com
전자우편 / bp@hankyung.com
기획출판팀 / 3604-553~6
영업마케팅팀 / 3604-561~2, 595
FAX / 3604-599

ISBN 978-89-475-2663-0

값 12,000원

＊파본이나 잘못된 책은 바꿔 드립니다.